ECOS DO GOLPE

A PERSISTÊNCIA DA DITADURA 50 ANOS DEPOIS

MAURO LUIS IASI e EDUARDO GRANJA COUTINHO (orgs.)

ECOS DO GOLPE

A PERSISTÊNCIA DA DITADURA 50 ANOS DEPOIS

mórula
EDITORIAL

REVISÃO
Suzana Barbosa

CAPA
Arte sobre foto de Erick Dau

CIP-BRASIL. CATALOGAÇÃO NA PUBLICAÇÃO
SINDICATO NACIONAL DOS EDITORES DE LIVROS, RJ

E22 Ecos do golpe: a persistência da ditadura 50 anos depois / organização Mauro Luis Iasi, Eduardo Granja Coutinho. – 1. ed. – Rio de Janeiro : Mórula, 2014.
164 p. ; 21 cm.

Inclui bibliografia
ISBN 978-85-65679-27-5

1. Brasil – História – 1964-1985. 2. Brasil – Política e governo – 1964-1985. I. Iasi, Mauro Luis. II. Coutinho, Eduardo Granja.

14-17533 CDD: 981.063
CDU: 94(81)

R. Teotônio Regadas, 26/904 – Lapa – Rio de Janeiro
www.morula.com.br | contato@morula.com.br

Para Leandro Konder, lutador de espírito livre,
que ensinou a mais de uma geração a desmascarar
as manobras ideológicas reacionárias das forças
empenhadas em mudar para pior.

ÍNDICE

PREFÁCIO

Ditadura e democracia: velhos e novos desafios

Este ano marca o cinquentenário de mais uma tragédia social e política brasileira ainda não superada. Há 50 anos se abatia sobre nós uma feroz e sangrenta ditadura empresarial-militar, da qual muitos efeitos e personagens perduram, apesar das muitas lutas sociais e da instauração de um novo regime político, representativo e eleitoral mais do que plenamente democrático. O livro que o leitor lerá em breve traz inúmeros aspectos dessa ditadura que, penosamente, ainda ecoam em nossas vidas.

O Brasil é um país peculiar, cuja dramática especificidade é a de unir as pontas do arcaico com o moderno, sempre pelo alto. As imposições "modernas" ou "pós-modernas", apregoadas como virtudes urgentes, são disseminadas como necessidade incontornável. Sempre, porém, com a condição que as formas arcaicas precedentes sejam conservadas. Esse é o país da escassez de rupturas e do exagero da reação e do conservadorismo, expressos em contrarreformas, revoluções passivas e que tais. Com isso, perduram velhas discriminações, às quais se acrescentam novas, recém-importadas ou inventadas por aqui mesmo; os mesmos nomes e famílias se perpetuam no mando, os nomes das ruas remetem aos barões, aos viscondes e aos novos ricos, desconsiderando as desigualdades que provocaram e que agora atravessam, congelados como artérias de cidades devoradoras.

Essa marca forte da formação histórica brasileira se renova incessantemente, fazendo sangrar a velha cicatriz que jamais cura. O racismo foi costurado a partir da riqueza produzida pelos africanos e índios escravizados. A independência foi alinhavada pelo herdeiro da família real portuguesa e avalizaria a escravidão. O salto para fora da emperrada metrópole lusitana levaria à nova subordinação nos braços do império britânico, com pequenas traições para adotar o verniz francês. As marcas dos latifúndios e dos caçadores de escravos perduram como símbolos em múltiplas bandeiras a sacolejar em tristes mastros até hoje. O fim da escravidão foi cuidadosa e longamente preparado pelos grandes senhores escravistas, que jogaram fora os anéis do imperador, mas conservaram dedos ávidos. Implantou-se uma república, grosseira e cruel, porém ágil na garantia dos grandes proprietários. Em 1930, uma revolução que não houve, quase imediatamente seguida de duríssima ditadura. Grandes lutas populares do século XIX e XX, contidas sob a ditadura varguista, resultaram em leis trabalhistas que "esqueceram" a grande maioria dos trabalhadores rurais. Enfim, tivemos uma democracia tampão que, no momento mesmo em que as reivindicações populares impulsionavam-na a tornar-se efetiva, foi afogada sob os tacões conjuntos dos militares e de grandes empresários... Nesse ambiente, o que pensar da democracia recente e de seus elos com a ditadura empresarial-militar de 1964? Como assinala Celso Frederico, mesmo as acirradas lutas dos anos 1970 e 1980 conduziram a uma nova conformação do trabalho ao capital.

Quando vemos a figura quase mumificada de um José Sarney, o homem que atravessou a ditadura, inaugurou a transição e seguiu agarrado ao poder, com seus cabelos tingidos a fundo, a triste imagem suscita mais do que ecos do passado, parece um tempo incapaz de transcorrer. Seríamos pois resultado de um dramático atavismo, portadores de marca genética indelével, destinados a repetir sempre o mesmo? Mudanças reais parecem apenas fantasias, novos enfeites e adereços perpetuando a mesma tragédia. Nunca a inauguração do novo, nunca a invenção real: a mera repetição do velho, recoberto de nova maquiagem.

Essa sensação não é arbitrária. Remete a algo verdadeiro e indica características históricas fundamentais da sociedade brasileira. As linhas de continuidade da história brasileira são violentas e este termo não é casual. O que se mantém de um período a outro são as modalidades brutais da dominação de classes no país, com suas fundas raízes coloniais, escravistas e latifundiárias; perdura e até se aprofundou a extrema concentração de propriedade, de riqueza e de poder, mesmo quando sob outras roupagens e formatos. Rodrigo de Souza Dantas sublinha o fenômeno.

Jamais experimentamos uma verdadeira irrupção revolucionária em escala nacional. A grande maioria das reivindicações, mobilizações e lutas por conquistas no interior da ordem capitalista foram esmagadas sem complacência.

Grandes lutas foram realizadas e mesmo quando houve conquistas reais – como no fim da ditadura inaugurada em 1964 e que somente termina em 1989, com a efetiva aplicação da nova Constituição para a realização de eleições diretas –, resta um travo amargo de perpetuação da mesma ordem.

No entanto, *essa mirada, apesar de correta, é unilateral*. Celso Frederico o assinala, ao considerar que o ciclo da expansão capitalista no Brasil, do qual a ditadura empresarial-militar é um dos momentos, ainda está em curso. Um autor diversas vezes convocado em capítulos deste livro – Florestan Fernandes – ousou enfrentar esse dilema. Escrevendo nas piores circunstâncias, nos anos de chumbo da ditadura, insistia exatamente na identificação de uma profunda modernização capitalista, que carreava modificações substantivas. Aquele momento não significava apenas um retorno às formas mais cruéis da vida social brasileira, mas sua atualização e, portanto, incorporava as duas dinâmicas: a reprodução e sua expansão *sob novas formas*. Devemos a Florestan relembrar-nos que não se trata apenas de uma mesma história que não passa. É preciso qualificá-la mais detidamente.

Os processos de transformação histórica e social significativos que experimentamos expressaram a lenta transição para outro formato de dominação de classes, o que alterou nos últimos 150 anos, de maneira profunda, as condições de vida e de existência da população. Ocorreram entretanto sob arranjos peculiares entre setores e frações das classes dominantes cujo alvo era especificamente bloquear qualquer possibilidade de radicalização popular. Nossas transformações não se converteram em processos revolucionários, não derrubaram a ordem truculenta dominante, não romperam as bases fundamentais da dominação de classes. As grandes lutas populares foram, de maneira precoce, decepadas e mutiladas em 1937 e em 1964, para apontar apenas as datas mais expressivas. Tais lutas defrontaram-se com uma aliança explícita – política, econômica, militar e ideológica – entre os setores dominantes internos e externos (pois o imperialismo existe e é ativo). Seus interesses comuns (internos e externos) se traduziam na crescente inversão de capitais e no controle geopolítico continental. No contexto da Guerra Fria, objetivavam impedir preventivamente qualquer possibilidade de crescimento autônomo das expressões e organizações populares. Uma contrarrevolução preventiva permanente, com fartos recursos, sustentação interna e externa, que atua bloqueando e limitando conquistas populares.

Não ocorreria portanto aqui uma revolução burguesa, que assumisse simultaneamente a competição capitalista e a sociabilidade (e os valores) propriamente burgueses. Em outro registro, Carlos Nelson Coutinho apontaria a revolução passiva como a característica marcante do processo de expansão capitalista no Brasil.

Apesar dessa marca de continuidade, para Florestan Fernandes ou Carlos Nelson, nem as lutas dos subalternos nem as mudanças históricas foram inócuas ou epidérmicas.

A presença de uma ativa produção cultural enfrentando a ditadura, como lembra Ronaldo Lins, testemunha as inúmeras modalidades de luta. O desafio central é pois capturar os traços fundamentais que produzem esse amálgama peculiar entre velho e novo, entre o mesmo e o outro, assim como o caráter social que dele resulta, com suas contradições multiplicadas.

A suposição de um país "sempre o mesmo", legítima em seus fundamentos, ao enfatizar unicamente a persistência, arrisca-se a secundarizar dois traços fundamentais. O primeiro é desconsiderar o fato de que, com suas marcas estioladas, *houve a implementação de uma ordem burguesa e capitalista no Brasil*. Ela implica uma expansão continuada e, portanto, promove e deve lidar com contradições de tipos até então desconhecidos. O segundo traço a reter é de que até mesmo a continuidade deve ser... produzida. Ela não é resto, resquício, como lembra Mauro Iasi, mas resulta da ação constante e contínua de refazer-se sob novas condições. Por isso, se tratam de "ecos" dessa ditadura.

Um dos nossos desafios é pois apreender o quanto essa realidade, modificada para adequar-se a novas imposições internas e externas, expressa a emergência de tensões até então inexistentes ou pouco expressivas, que resultam da própria expansão capitalista. A continuidade é *recriação* – e não apenas a repetição mecânica ou atávica – de antigas formas de dominação e de opressões no mesmo processo em que se impõem as novas dominações. Em parte, ela encontra raízes em costumes, tradições e memórias, porém, por outra parte, ela resulta de novas violências que apelam ao passado procurando justificá-las como "tradição".

Este livro assinala várias dessas continuidades e fornece as pistas dessa dinâmica de recriação do velho sob o novo: a concentração proprietária da mídia na mão de algumas famílias, em estreita coligação com as forças dominantes na ditadura (caso da Rede Globo), detalhada por Eduardo Coutinho, renovou e atualizou as velhas formas do controle sobre a mídia, agora sob novo formato. A permanência da legislação anterior ao golpe de Estado, como mostra Muniz Sodré, permitiu a consolidação de um novo formato, associando estreitamente o grande capital estrangeiro com grupos brasileiros, consolidando poucos e concentrados conglomerados econômicos. O processo foi além disso: esses conglomerados estenderam tentáculos para abranger os demais setores econômicos e regiões do país, consorciando interesses diretos (agregando capitais investidores na mídia), indiretos (a publicidade) e posições políticas. Grandes famílias proprietárias fundiárias atualizavam seus investimentos, incorporando entre eles o controle de estações de TV e rádio locais, coligadas a grandes redes nacionais. Uma dupla dinâmica se evidencia: a concentração e centralização de capitais, processos mais ou menos típicos da expansão capitalista, além de se realizarem com apoio direto da ditadura (Estado), envolviam arranjos (econômicos, políticos e ideológicos) entre setores profundamente diversos das classes dominantes.

Também as universidades sob a ditadura refratavam esses processos complexos de expansão do capitalismo e reatualização da dinâmica elitária, como aponta Roberto Leher. O salto para a mercantilização acelerada e uma intensificação da concorrência no interior das universidades foi apoiado por setores emergentes, capacitados para a concorrência interpares, porém retrógrados e antidemocráticos. Ocorria uma ampliação da universidade, lenta e paulatina, mas real. Nela, parcela da nova geração universitária reconstituía setores ciosos da conversão de seu "capital intelectual" em hierarquia, cargos e recursos monetários.

No entanto, não foram poucas ou ineficazes as lutas contra a ditadura. A continuidade evidente não deve apagar o processo complexo de reprodução ampliada de uma dinâmica capitalista nos trópicos. Precisamos, a partir dos elementos que este livro aporta, apanhar ao mesmo tempo as lutas, sua importância e seus efeitos em novas modalidades de reconstituição, de reprodução, das formas de dominação de classes no Brasil.

Esse me parece ser o cerne da questão democrática na atualidade. Sabemos que a "transição" expressou um empenho sistematizado pelo núcleo no poder ditatorial de organizar uma "descompressão", uma "diástole", que assegurasse outros formatos para os diques de contenção objetivando controlar uma sociedade urbanizada, complexa e sobre a qual aquela ditadura não mais surtia os efeitos necessários. Golbery do Couto e Silva foi o exemplo mais claro de um dos elaboradores da descompressão, com enormes meios e recursos à sua disposição. A preparação da transição do regime ditatorial contou com o apoio teórico de um Samuel Huntington, dando lições a generais sobre como manter a ditadura sob novas formas, teve o apoio da subserviência intelectual, disposta a dar lições sobre como incorporar tensões sem afrouxar as rédeas, expresso por intelectuais como Wanderley Guilherme dos Santos ou, em outro registro, por Fernando Henrique Cardoso. Porém, por mais poderosos que fossem os generais, os grandes empresários, seus aliados estrangeiros e os escrevinhadores nacionais, e por mais forte que fosse a coligação entre eles, o processo histórico é mais do que a intenção ou o desejo dos grupos dominantes. O que era um projeto de distensão totalmente controlada iria além de seu formato original, mesmo porque formas e personagens ditatoriais perdurariam por dentro do novo regime, como o mostra Maringoni.

Ao longo de todo o século XX, a organização dos trabalhadores constituiu o anátema dos setores dominantes. Há inúmeras pesquisas sobre o tema. O cerco imposto aos sindicatos livres nos anos 1930, magistralmente demonstrado por Luiz Werneck Vianna, resultou numa legislação que os atava ao Estado e que perdura. No pré-1964, os histéricos reclamos dos riscos de uma "república sindicalista" – sabe-se lá o que isso viria a ser – encorporam o argumento para o golpe de 1964. Assim, um traço forte da dominação de classes no Brasil foi a enorme distância entre o aparato organizativo empresarial com alto grau de autonomia, mimado e estimulado, e a repressão às entidades próprias aos trabalhadores. Entre 1946 e 1964, as relações diretas entre as classes pareciam correr sobretudo no nível da repressão (legal ou paramilitar), da discriminação permanente, através da corrupção aberta (os "pelegos") e de uma precária filantropia.

Há pois uma modificação importante a reter no pós-ditadura. Não seria apenas contra a organização dos trabalhadores que se imporia a democracia que explicitaria a ditadura do mercado. Trata-se de um processo histórico até então ausente no Brasil: *o da construção de uma hegemonia burguesa*. A dominação de classes não se atualizou por mais uma ditadura, mas pela neutralização e/ou adesão de oponentes históricos, num impressionante espetáculo de transformismo. Quaisquer que sejam os atributos com que a ataviemos (por exemplo, hegemonia *às avessas*, como querem alguns), o desenho e a forma do jogo político se alteraram profundamente.

Uma *nova forma de subordinação* vem à luz, resultante do embate entre a continuidade da dominação monopolista reelaborada pela ditadura, as significativas lutas reais e o aprofundamento da dinâmica socioeconômica capitalista. Doravante, parece se consolidar uma permanente atuação das entidades burguesas em prol da *conversão* de parcelas do mundo do trabalho ao mundo do capital. Em outros termos, além da violência reatualizada e perpetuada, ocorre uma sistemática e profissional elaboração prática e ideológica que apregoa uma mútua necessidade (abrindo a porta, portanto, para uma nova *intimidade*) entre patronato e setores da classe trabalhadora. Essa atuação se recobre de múltiplas facetas. Por um lado, retoma e reconstrói as formas precedentes (violência legal e paramilitar, corrupção e filantropia), de forma a quebrar a espinha dorsal da autonomia das entidades penosamente construídas pelos trabalhadores. Por outro lado, admite a sindicalização, aceita e estimula múltiplas organizações pontuais e culturais, com recursos inclusive para financiá-las como "parceiras" na construção do desenvolvimento capitalista. Gerar emprego e renda se tornaria um mantra, assim como o empreendedorismo. A colaboração de classes se erige como a contraparte do regime democrático. Procura-se deslocar o foco, que deixa de incidir sobre o processo histórico iluminando apenas as questões imediatas; a produção das desigualdades é abandonada em prol da "minoração" de seus efeitos; a dinâmica da extração de valor e da produção torna-se pauta unicamente empresarial, deslocado o foco público para o consumo. Até mesmo a distribuição ficou secundarizada: tratou-se de assegurar o máximo para o capital e um mínimo (até então inexistente) para os setores mais vulneráveis. A própria filantropia precedente se reconverte em entidades associativas modernas, nutridas por recursos públicos, atuando na privatização de grandes espaços da vida social e econômica.

Não é este o local para desenvolver a análise dessa questão. Vale apenas lembrar que a continuidade da dominação de classes modifica-se para ajustar-se às novas condições. Essas novas condições resultam da expansão das relações econômicas e das lutas levadas a efeito por diversos setores. Da mesma maneira como os setores dominantes não puderam ser onipotentes na "transição", não poderão sê-lo frente aos desdobramentos da própria expansão capitalista que promovem, mesmo quando sob as novas roupagens democráticas, recriadoras da autocracia clássica burguesa no Brasil. As crises econômicas integram a lógica da reprodução do capital, ainda mais agudas quando vividas sob as condições de uma adesão subalterna ao capital-imperialismo.

Não basta ter empresas multinacionais: é preciso sustentá-las, econômica, política, ideológica e socialmente. O apoio à expansão externa de empresas brasileiras vem sendo a contrapartida da política de minoração de danos. Novas e portentosas contradições batem à nossa porta.

Estamos assistindo a um fenômeno interessante: uma enorme campanha publicitária levada a efeito pela JBS Friboi, uma multinacional brasileira. Ela convoca a população (através da mídia proprietária) a defender a "qualidade" de um produto nacional, sem mencionar sua participação no cenário internacional. O novo e o moderno, brilhantes na tela da televisão, ocultam a grande propriedade que se expande internacionalmente, sem alterar as condições de trabalho no âmbito nacional e agravando a devastação socioambiental. O agronegócio como expressão do novo atualiza, sob a moderna empresa capitalista, a clássica e trágica concentração da propriedade da terra, a expropriação dos trabalhadores rurais e a sujeição a duríssimas condições de trabalho.

Há novas contradições. Elas emergem da continuidade, mas nos defrontam com novos problemas. Boa leitura: este livro nos ajuda a enfrentar as duas pontas do desafio. Aquela que carreia a continuidade, e aquela que, fruto parcial de conquista, nos exige a qualificação para novas lutas, mais vigorosas. A começar por expor a carcaça carcomida da ditadura que impregna muitos dos espaços ditos democráticos.

VIRGÍNIA FONTES

APRESENTAÇÃO

Diz-se – e com certa razão – que o povo brasileiro não tem memória. Esquece-se apenas de dizer que isso se deve ao fato de que sua memória é sistematicamente apagada pelo sistema midiático, educacional, religioso, enfim, pelos meios de produção espiritual à disposição dos grupos hegemônicos. Esse adendo nos permite entender por que o golpe de abril de 1964, que agora completa 50 anos, tende a se tornar, como cantou o compositor Chico Buarque, uma "passagem desbotada na memória das nossas novas gerações". Também não é comum ouvirmos falar do esforço feito por esse povo para manter viva sua memória, sua sabedoria, sua consciência de si; esforço que se verificou nas recentes manifestações de massa em todo país, quando a verdade se revelou em sua dureza: a atual repressão física e simbólica é herdeira do período ditatorial. Nesse momento, houve uma nítida movimentação da sociedade civil – universidade, imprensa alternativa, partidos, sindicatos, coletivos etc. – no sentido de interpretar o passado e reconstruir a memória numa perspectiva contrária à dos que se beneficiaram (e continuam se beneficiando) da ditadura.

Também no âmbito editorial observou-se uma tentativa de não se deixar desbotar na memória popular o significado daquelas páginas infelizes da história brasileira. Muitos livros e artigos de variados matizes ideológicos foram escritos propondo interpretações da ditadura civil-militar – ou empresarial-militar, como queiram – em nosso país. A presente coletânea vem se juntar a essas iniciativas, tendo como particularidade o pressuposto de que essa ditadura, a despeito da assim chamada "transição democrática", ainda repercute intensamente na realidade brasileira. Nas primeiras décadas do século XXI, ainda se ouvem nitidamente os seus ecos na economia, na política, na cultura. E é precisamente sobre essa *persistência* em nossa formação social que tratam os ensaios que compõem esse livro. A partir de perspectivas teóricas e políticas diversas, esses artigos refletem sobre a permanência de instituições em nome das quais foi dado o golpe: o latifúndio, o sistema financeiro, as grandes corporações capitalistas, o aparato jurídico, o sistema político, o patrimonialismo, o poderoso instrumento comunicacional forjado pela ditadura, o sistema educacional voltado para o mercado e que nada favorece o pensamento crítico etc. etc. Como observam alguns autores dessa coletânea, esses *ecos do golpe* na vida brasileira têm a ver com o fato de que o processo de "transição democrática" tenha se dado, como em outros momentos da história do país, "pelo alto", sob o controle dos grupos que estiveram no poder durante a ditadura. O fato de até hoje não termos conseguido acertar as contas com o terrorismo de Estado, como ocorreu em outros países da América Latina, talvez seja a expressão mais visível da persistência daquelas velhas tradições. Em contraposição a essas, pode-se apontar, contudo, uma outra tradição: a dos que lutaram para impedir o golpe, resistiram à autocracia burguesa, defenderam uma transição realmente democrática e continuam lutando por justiça e memória. É nessa tradição que a presente obra pretende se inserir.

EDUARDO GRANJA COUTINHO E MAURO LUIS IASI

Rio de Janeiro, junho de 2014

A herança da ditadura e os impasses estruturais da "modernização" capitalista no Brasil

RODRIGO DE SOUZA DANTAS

A contrarrevolução de abril de 1964 foi muito mais do que um golpe militar: desde sua preparação, que remonta aos golpes ensaiados, sem sucesso, nos anos 1950 e início dos anos 1960, 1964 foi um golpe de Estado dirigido pelos setores hegemônicos da burguesia nacional associados ao imperialismo estadunidense, pelo próprio imperialismo e pelas Forças Armadas, que na encruzilhada decisiva da história do país no século XX mobilizaram o apoio da mídia, da Igreja, dos latifundiários, da pequena burguesia, de grande parte das classes médias e da intelectualidade conservadora, da maioria do Congresso Nacional e dos mais importantes governos estaduais[1].

Não é difícil reconhecer que a estabilidade da democracia burguesa depende fundamentalmente de que o regime de acumulação capitalista não possa ser desafiado pela ação das classes subalternas – o que explica também por que as bases estruturais da completa subordinação do país aos imperativos do capital imperialista só puderam ser estabelecidas, de armas na mão, nos marcos de um regime ditatorial que se estendeu por mais de 20 anos. Com o acirramento da luta pelas reformas de base entre 1961 e 1964, a conquista militar do Estado se mostrou imprescindível para estabelecer as bases duradouras da subordinação estrutural do Estado, da economia, da sociedade e do território nacional aos interesses do imperialismo e da burguesia nacional, que subalternamente se

[1] DREYFUSS, René. *1964: a conquista do Estado – ação política, poder e golpe de classe*. 5. ed. Petrópolis: Vozes, 1987.

lhe associou. Estenderam a todas as dimensões da vida nacional o regime despótico que vigorava nas fábricas e no campo e suprimiram as liberdades democráticas para lançar mão do controle policial-militar sobre todas as manifestações da vida política, cultural, intelectual e ideológica do país. Nesses marcos, do ponto de vista do projeto estratégico que o capital imperialista concebia para o Brasil naquele momento, era preciso que a ditadura fosse capaz de assegurar:

a. a elevação exponencial da taxa de exploração, que só poderia ser levada a cabo mediante a repressão brutal das classes subalternas e suas organizações;
b. o incremento da poupança, do investimento, do crédito e do financiamento público da acumulação capitalista, aliado à organização do mercado de capitais;
c. a concentração, centralização e internacionalização crescente dos capitais e o financiamento corrente do regime despótico de acumulação capitalista ao custo da escalada insustentável do endividamento externo;
d. a reorganização do Estado, de suas finanças e de seu aparato militar-policial para que ele pudesse servir profissionalmente aos interesses do imperialismo e da burguesia nacional que lhe era associada, com a mobilização de todos seus recursos para reprimir a resistência popular e fomentar, em todas as frentes, o regime de acumulação capitalista;
e. o provimento pelo Estado, da infraestrutura necessária à industrialização, urbanização e modernização capitalista do país;
f. o planejamento capitalista, dirigido pelo Estado, do uso da terra e de seus recursos naturais e energéticos, nos marcos do processo de colonização violenta do território nacional, especialmente da região Centro-Oeste e da Amazônia. Seu custo foi a devastação ambiental em larga escala, o genocídio dos povos indígenas e a expropriação dos camponeses, que desencadeou o êxodo rural de massas essencial para a formação do proletariado urbano e dos contingentes humanos que integram o vasto exército industrial de reserva e garantem uma das principais vantagens competitivas do país no mercado mundial: os baixos salários e as condições degradantes de trabalho, em muitos casos semelhantes às do regime escravocrata que assolou o país por mais de 300 anos;

g. a formação dos quadros técnicos, dos recursos humanos, da competência administrativa e da estrutura educacional, intelectual, científica e tecnológica imprescindíveis ao processo autoritário de industrialização capitalista, com o remodelamento alienante e tecnocrático da formação técnica e profissional e do sistema universitário e educacional;
h. a criação de aparelhos ideológicos de hegemonia, essenciais para o controle da informação e o desenvolvimento do degradante processo de "infantilização" e rebaixamento intelectual, ético e estético da população, tendo como centro a criação da TV Globo, com aporte de capitais estadunidenses, e do sistema nacional de rádios e TVs; não menos importante foi a implantação das igrejas evangélicas, que viriam a se tornar um dos mais importantes mecanismos de controle, mistificação e manipulação das formas da consciência socialmente determinada, sobretudo entre os estratos mais pobres da população.

Se observarmos atentamente cada uma destas determinações estruturais do projeto de país levado a cabo pela ditadura, veremos que sua herança não se dissipou com o fim do regime militar; pelo contrário, hoje podemos identificar muito claramente até que ponto sua realização logrou assentar as bases do desenvolvimento do país dos anos 1970 até hoje. Os limites estruturais do regime despótico de acumulação que foi imposto a ferro e fogo pela ditadura militar-empresarial-imperialista foram claramente evidenciados no final dos anos 1970. A dependência dos capitais imperialistas gerou o endividamento externo sem precedentes do país, cuja economia não resistiu à elevação das taxas de juros praticada pelos EUA, que transferiram aos países dependentes os pesados custos da primeira grande crise econômica mundial do pós-guerra. A crise da dívida externa, aliada à queda do fluxo de capitais estrangeiros, levou à formação de déficits crescentes nas contas externas e nas contas públicas e à escalada de um processo inflacionário que se estendeu do final dos anos 1970 a meados dos anos 1990. Nesse período, a escalada da inflação e das taxas de juros mais elevadas do mundo gerou um longo ciclo de concentração de riqueza e de crescimento sem precedentes da desigualdade no país. O esgotamento estrutural do ciclo de crescimento econômico e de acumulação intensiva e acelerada de capitais que sustentou o "milagre econômico" dos anos 1970, alimentado pelo fluxo de capitais imperialistas, pelo endividamento externo, pelo financiamento estatal corrente da acumulação de capitais e pela elevação brutal da taxa de exploração do trabalho, virou do avesso para tomar a forma de uma crise que se estende há 40 anos, brevemente interrompida por uma nova rodada de crescimento regada a fartas doses de crédito que impulsionaram os anos do "milagre lulista".

Foi no ambiente de crise econômica do final dos anos 1970 que se deu a vigorosa retomada do movimento estudantil, o acirramento crescente da luta pela terra e as grandes greves operárias no ABC paulista que impulsionaram o crescimento do movimento de massas que levou ao fim da ditadura, se estendeu ao longo dos anos 1980 e foi berço de nascimento de uma nova direção sindical e política para a classe trabalhadora brasileira, com a criação do PT (1980), da CUT (1983) e do MST (1984). Contudo, a força que adquiriu o movimento de massas não foi capaz de reverter a hegemonia burguesa-imperialista que havia se estabelecido na ditadura. Se de fato foi pela força do movimento que a ditadura ruiu, a combinação entre o bloqueio da via revolucionária, a derrota do movimento por eleições diretas no Congresso Nacional e a orquestrada viabilização de uma transição política controlada por cima – que desaguaria na eleição de Tancredo Neves no colégio eleitoral autorizado pela ditadura e na ampla composição política que se formou no governo Sarney – deixou intacta a herança da ditadura, que em seguida seria decisivamente atualizada, aprofundada e consolidada pelas políticas neoliberais dos anos 1990.

Na contramão de uma situação mundial marcada pelas derrotas do movimento de massas desde o fechamento da situação revolucionária dos anos 1960 e 1970, pela restauração do capitalismo, pela desmoralização do socialismo aos olhos das massas e pelo início da ofensiva do capital pela supressão de todos os limites à sua reprodução globalizada, as posições revolucionárias e a defesa concreta do socialismo se tornariam francamente minoritárias tanto nas direções como na base de todas as organizações da classe trabalhadora ao fim dos anos 1980, o que abriria espaço, nas décadas seguintes, para que a hegemonia do reformismo fincasse raízes profundas tanto no proletariado como nas classes médias urbanas. Nessa atmosfera desfavorável, agravada pela forma como se deu a derrota de Lula em 1989 (as primeiras eleições presidenciais após a ditadura, transcorridas no calor do processo de restauração do capitalismo na URSS e no Leste Europeu), o ciclo de lutas iniciado no país no fim dos anos 1970 arrefeceria completamente nos anos 1990. É nesse caldo que se criaram as condições propícias à hegemonia inconteste, nas direções e na base das organizações de massa dos trabalhadores, de um projeto reformista e eleitoralista de "democratização da democracia" – o projeto "democrático popular", em que a hegemonia petista decretou a renúncia aberta ao socialismo para apostar suas fichas na eleição de Lula Presidente, avançar na conquista de prefeituras, governos estaduais e bancadas parlamentares, ajustar seu programa aos limites do regime e terminar sendo rapidamente arrastada para as práticas de conciliação de classes que marcariam a trajetória histórica do PT e da CUT dos anos 1990 à eleição de Lula em 2002, nos marcos de um amplo governo de coalização com a burguesia[2]. Nesse contexto, as condições para o controle direto do país pelo imperialismo, que haviam sido postas em xeque nos anos 1980, encontraram caminho aberto para seu aprofundamento nos anos 1990, na esteira da relação de forças criada pela situação mundial que levou ao mais completo desarmamento político das classes subalternas. A abertura de uma situação mundial francamente reacionária preparou então o terreno para a hegemonia das políticas neoliberais, que produziria, ao longo dos anos 1990 e da primeira década do século XXI, a subordinação integral da política, do Estado e das próprias condições estruturais de reprodução social do gênero humano ao que hoje podemos reconhecer como a ditadura globalizada do capital.

* * *

Para situar a ditadura militar-empresarial-imperialista que se estabeleceu com o golpe contrarrevolucionário de 1964 no contexto do processo histórico em que ela se insere, expomos a seguir um conjunto de teses em que se busca esboçar, sinteticamente, as bases de uma interpretação global da história da sociedade brasileira no século XX, destacando o caráter central da encruzilhada histórica que se formou no país em 1964 e o papel estrutural que a herança da ditadura exerceu na formação do Brasil contemporâneo.

---

2 SECCO, Lincoln. *História do PT*. São Paulo: Ateliê, 2011.

Num primeiro momento, trata-se de expor as bases estruturais do processo histórico que se abriu com o triunfo da Revolução de 1930, a falência do modelo agrário-exportador e a formação do regime populista que conduziu a transição do Brasil rural e pré-capitalista ao Brasil urbano, industrial e capitalista, caracterizando a dinâmica das relações que se formaram entre as classes sociais em disputa, o papel central exercido pelo Estado, as contradições, antagonismos e limites estruturais do projeto nacional-desenvolvimentista e do regime populista e o modo como tudo isso se condensaria dramaticamente na encruzilhada histórica que levaria ao golpe de 1964. Em seguida, passamos a expor o esboço de uma interpretação do processo histórico que se desenvolveu nas décadas seguintes à ditadura, buscando demonstrar em que medida o regime ditatorial foi capaz de firmar as bases estruturais sobre as quais se assenta o controle do capital imperialista sobre a economia nacional, a natureza das atualizações por que passou o processo de formação histórica do capitalismo dependente e sua inserção subalterna na "nova ordem mundial", as contradições, antagonismos e limites estruturais do regime de acumulação vigente e os termos em que conformou a ordem social, econômica e política de dominação que nas últimas décadas fez do Brasil uma das maiores economias periféricas do mundo do capital globalizado e um dos países mais desiguais do mundo.

1. O período da história brasileira que se estende da revolução de 1930 à contrarrevolução de 1964 foi marcado pelo que Gramsci caracterizou como uma "crise de hegemonia": nem os antigos senhores de terras (enfraquecidos pela crise do modelo agrário-exportador e deslocados do poder pela Revolução de 1930); nem os capitalistas industriais emergentes (que se achavam, de um lado, constrangidos pelo peso do imperialismo na economia, e de outro, careciam do apoio do Estado para viabilizar um regime de acumulação endógena no país); nem o imperialismo (acossado pela escalada de crises, guerras, revoluções e rivalidades interimperialistas); nem os camponeses e trabalhadores rurais (submetidos pelo jugo despótico das relações pré-capitalistas, desorganizados e politicamente desarmados numa época que seria decisivamente marcada pelo êxodo rural que nutriu a formação do proletariado urbano), nem o proletariado (em processo de formação, composto por elementos heterogêneos e submetido à mais feroz repressão policial-empresarial) se mostraram de fato capazes de impor diretamente sua hegemonia às outras classes sociais. Nesses marcos, a crise de hegemonia que caracteriza o período que se estende da Revolução de 1930 à contrarrevolução de 1964 explica o papel estratégico assumido pelo Estado no processo de formação do Brasil industrial, urbano e capitalista e na estruturação do regime despótico de acumulação capitalista; num quadro em que nenhuma das classes sociais reunia por si só as condições para impor sua hegemonia, o Estado se ergueu acima delas para assumir a direção inequívoca do processo de industrialização e, para isso, teve de desenvolver os modos de mediação e de regulação populista[3] dos conflitos, antagonismos e interesses contraditórios.

O projeto de desenvolvimento baseado na industrialização do país, na formação de um regime endógeno de acumulação capitalista e na política de substituição de importações, planejado e dirigido pelo Estado, se formava pela combinação entre: a construção da infraestrutura necessária à industrialização, a criação de empresas estatais nos setores estratégicos da economia e o planejamento e financiamento da acumulação endógena de capital a cargo do Estado; o aporte de capitais externos, severamente restrito pela maior crise econômica mundial da história do capitalismo; reservas cambiais propiciadas pelo modelo agrário-exportador, limitadas pela crise mundial, mas ainda assim importantes para obter as divisas necessárias à importação dos bens de capital e equipamentos indispensáveis à industrialização; e a modesta e ainda insuficiente acumulação de capitais privados no setor industrial, que necessitava ser impulsionada pela ação estatal e combinada com os demais fatores mencionados para dar impulso ao processo de industrialização. Nesse contexto, em que nenhuma das classes ou frações de classe nem o imperialismo podiam assumir diretamente a direção do processo de industrialização capitalista, a crise de hegemonia foi a condição e o próprio pressuposto político a partir do qual pôde se formar o modelo de desenvolvimento nacional sob a direção do Estado. Por outro lado, como o regime de acumulação que se formava era essencialmente baseado na produção das condições econômicas e políticas de reprodução social de uma força de trabalho barata, abundante, disciplinada pelo despotismo fabril e sob o mais estrito controle político, a necessidade de conter a luta de classes

[3] WEFFORT, Francisco. *O populismo na política brasileira*. São Paulo: Paz e Terra, 1978.

nos limites traçados pelos mecanismos populistas de regulação das relações entre capital e trabalho respondeu não só às necessidades concretas do regime de acumulação, mas assegurou também a formação de uma ampla base popular de apoio ao regime populista, que buscava se consolidar nos marcos instáveis da crise de hegemonia e no contexto histórico imprevisível e turbulento de uma situação mundial marcada por crises, guerras e revoluções.

2. O processo histórico de transição das relações pré-capitalistas, escravocratas e semiescravocratas que a sociedade brasileira herdara de seus mais de 400 anos de história para o Brasil moderno, forjado pelo processo de industrialização, urbanização e modernização capitalista do país, não transcorreu nos moldes da Europa, ou mesmo dos Estados Unidos. Essa transição, no Brasil, não se deu por uma evolução linear nem por meio de espetaculares rupturas revolucionárias. Ela não foi desencadeada pela atividade revolucionária das classes subalternas nem foi resultado de um enfrentamento direto, aberto e irreconciliável entre as modalidades sociais pré-capitalistas e as modalidades propriamente capitalistas de reprodução social e as classes sociais que lhes correspondiam. Há razões para isso, que se radicam nas condições estruturais em que se deu o processo de "modernização" capitalista do país.

Nesses marcos, antes de tudo seria preciso reconhecer que entre as relações pré-capitalistas e as relações sociais capitalistas não existiam apenas contradições e muito menos oposições irreconciliáveis; suas relações não podem ser definidas nos termos de uma dualidade irreconciliável, mas de uma unidade dialética, como sustentou Francisco de Oliveira em seu clássico ensaio *A crítica da razão dualista* (1972)[4]. As teses nele apresentadas viraram ao avesso o quadro conceitual que até então formatava as interpretações dominantes do processo de transição do Brasil "arcaico" ao Brasil "moderno". Chico de Oliveira argumenta que a transição capitalista no Brasil não destruiu completamente o antigo modo de produção nem as práticas tradicionais que lhe caracterizavam, mas, muito pelo contrário, fez delas alavancas poderosas na implantação despótica e acelerada de um regime de "acumulação primitiva" de capitais que fez do Brasil o segundo país do mundo capitalista em que o PIB mais cresceu no século XX, atrás apenas do Japão. Ao baratear os

---

[4] OLIVEIRA, Francisco de. *A crítica da razão dualista - Ornitorrinco*. São Paulo: Boitempo, 2003.

custos da reprodução social da força de trabalho, incorporar excedentes não mercantis à acumulação de capital, assegurar reservas cambiais indispensáveis à industrialização do país e fornecer um numeroso proletariado rural migrante para a formação do proletariado nacional e do gigantesco exército industrial de reserva que asseguraria a compressão do valor da força de trabalho, a estrutura arcaica da agricultura nacional contribuiu para formar o regime de acumulação que conformou as bases da acelerada transição que conduziu do Brasil rural ao Brasil urbano e industrializado. De outro lado, os vestígios das práticas rurais e pré-capitalistas que levavam os trabalhadores a produzir parte importante de seus meios de vida e assim reduzir os custos de sua reprodução social se combinavam com os baixos salários que podiam ser pagos ao proletariado egresso do meio rural, contribuindo para comprimir os custos da reprodução da força de trabalho e criar as condições da acelerada transição das relações pré-capitalistas às relações sociais de produção caracteristicamente capitalistas, impulsionando a formação do regime de acumulação, ao invés de se opor a ele.

As teses seminais apresentadas por Chico de Oliveira permitiram problematizar as relações dialéticas entre o desenvolvimento industrial e a agricultura de subsistência, entre o regime de acumulação baseado na indústria capitalista e o modelo agrário-exportador, entre a acumulação de capitais resultante da produção mercantil e a apropriação de excedentes não mercantis, entre a extração de mais-valia pela via capitalista do assalariamento e a extração de trabalho não pago baseada nas práticas rurais e pré-capitalistas em que os trabalhadores recém-proletarizados produziam diretamente seus meios de vida no meio urbano. Nesse sentido, elas foram muito além da sociologia dualista da modernização capitalista, que pensava a "superação do atraso brasileiro" a partir dos paradigmas do processo histórico que se desenvolveu nos países imperialistas, contribuindo para problematizar a particularidade do capitalismo brasileiro e, de forma geral, do capitalismo que se desenvolvia no conjunto dos países dependentes, coloniais e semicoloniais. Com base no marxismo crítico, e na contramão da sociologia reformista da modernização e das teses vigentes na história do PCB, Chico de Oliveira revelou a natureza desigual e combinada do processo de desenvolvimento do país, demonstrando que, se o conhecimento das leis fundamentais do capitalismo é essencial para a análise do processo de formação histórica do

Brasil moderno e contemporâneo, o conhecimento dessas leis não poderia substituir a necessidade de analisar criticamente as condições particulares em que se deu esse desenvolvimento em países periféricos como o Brasil.

O ensaio de Chico de Oliveira nos coloca diante de um paradigma dialético, e não dualista, para a compreensão do processo de desenvolvimento desigual e combinado que marcou a história da sociedade brasileira no século XX. Ele nos ensina que foi nos marcos das combinações híbridas, transitórias, contraditórias e complementares entre as relações pré-capitalistas e as relações capitalistas de produção que se forjou o processo de industrialização e urbanização do país. Que foi nos marcos da dialética entre as relações de produção pré-capitalistas e as relações de produção capitalistas que se estruturou a base econômica e social a partir da qual podemos pensar o regime de acumulação primitiva que se estabeleceu no país. Que foi nos marcos das relações dialéticas entre o "arcaico" e o "moderno" que podemos pensar as bases estruturais dos compromissos firmados entre a burguesia nacional e o latifúndio e o contexto em que se deu a organização do regime populista no país, de um lado, como espaço de unidade e mediação entre os interesses das diversas frações das classes dominantes, e de outro, como espaço de mediação social entre os meios e modos populistas de regulação estatal das relações entre capital e trabalho e as demandas da classe trabalhadora urbana em formação.

É a partir da dialética marxista do desenvolvimento desigual e combinado subjacente às teses de Chico de Oliveira que se pôde elaborar em novas bases a leitura do processo de formação do regime populista e das bases econômicas e sociais das voltas e reviravoltas políticas que do início ao fim marcaram esse período de transição. É a partir desse marco teórico que podemos compreender e revisitar a dialética histórica das instáveis e cambiantes relações de força que se formaram, entre 1930 e 1964, entre o imperialismo, a burguesia nacional, o latifúndio, as demais frações das classes dominantes, a pequena burguesia, as classes médias urbanas, o campesinato, o proletariado rural e o proletariado urbano em formação.

3. Feitas estas observações preliminares sobre o caráter estrutural da crise de hegemonia, a natureza do modelo de desenvolvimento centrado no papel do Estado e a dialética que presidiu a transição do Brasil rural, escravocrata e pré-capitalista para o Brasil industrial, urbano e capitalista, podemos voltar nossa atenção ao conturbado processo histórico que se desenvolveu da Revolução de 1930 à contrarrevolução de 1964, essencial para caracterizar o lugar que ocupa a ditadura militar-empresarial-imperialista na história do país.

A Revolução de 1930 contou com o apoio ativo ou passivo de todas as classes e setores da sociedade brasileira para afastar os latifundiários do centro do poder, dar fim à primazia do modelo agrário-exportador e colocar nas mãos do Estado a direção do processo de industrialização, urbanização e modernização do país. Ela se enquadra na linhagem clássica das revoluções nas quais a iniciativa não se encontra nas mãos da população. Na ausência de uma iniciativa popular capaz de unificar as classes médias e subalternas, e diante de sua incapacidade de assumir o papel de classes dirigentes, a Revolução de 1930 realizou-se como mais uma "transição por cima", como já havia ocorrido tanto na Independência (1822) como na Proclamação da República (1889). Nesses marcos, para caracterizar a Revolução de 1930 e o período histórico que com ela se inicia, cabe se valer do conceito de "revolução passiva", desenvolvido por Gramsci em seus *Cadernos do cárcere*[5], em que a transição para a ordem burguesa se dá sem a participação das massas e sem rupturas revolucionárias. Diferentemente do modelo da Revolução Francesa, em que a transição revolucionária ocorre como processo de massas e como ruptura violenta com a ordem social instituída, o que caracteriza a revolução passiva é "o exercício de uma hegemonia restrita, uma hegemonia burguesa em um período histórico no qual essa classe já perdeu a capacidade de assimilar a seu projeto as classes subalternas. A revolução passiva não é a hegemonia de uma classe em relação ao todo social, mas a hegemonia de uma fração das classes dominantes sobre o conjunto delas através da mediação do Estado"[6] – fração de classe que no caso brasileiro foi a burguesia industrial, a mais dinâmica das frações das classes dominantes, mas que àquela época carecia da imprescindível mediação do Estado para firmar as mediações e compromissos necessários com as demais classes sociais a fim de assentar as bases do processo de industrialização, urbanização e modernização capitalista do país.

---

[5] GRAMSCI, Antonio. *Cadernos do cárcere*. Rio de Janeiro: Civilização Brasileira, 1999.

[6] BIANCHI, Álvaro. Revolução passiva: o pretérito do futuro. In: ______ (Org.). *Arqueomarxismo: comentários sobre o pensamento socialista*. São Paulo: Alameda Editorial, 2012, pp. 172-173.

No processo dessa transição, o Estado se formou como espaço de unidade e de mediação entre os interesses das antigas classes dominantes (compostas pelos latifundiários, antigos senhores de terras e gentes, classe dominante no Brasil Colônia, no Brasil Império e na República Velha, aliados à burguesia comercial que controlava as importações e exportações no modelo agrário-exportador, responsáveis pelas divisas obtidas nas transações com o exterior) e os interesses da burguesia industrial e das demais frações de classe da burguesia nacional em formação. A debilidade estrutural da burguesia industrial à época, baseada no caráter incipiente da industrialização, na fragilidade do processo endógeno de acumulação capitalista e em sua própria incapacidade de exercer diretamente sua hegemonia limitada, exigia a mediação do Estado para que fosse possível, de um lado, firmar um compromisso com os interesses de classe do latifúndio, das demais frações da burguesia, da pequena burguesia e das classes médias; e de outro, após esmagar a atividade independente das classes subalternas e suas organizações, estabelecer a mediação de uma solução de compromisso com a classe trabalhadora urbana em formação, baseada na implantação da legislação trabalhista (a CLT, em 1943), aliada à criação de uma estrutura sindical atrelada ao Estado, cuja combinação se destinava a integrar passivamente o proletariado urbano, de forma subalterna, aos meios e modos de mediação e regulação social que foram criados pelo Estado.

Com a criação desse espaço de unidade e a instituição das mediações que o tornaram possível, o Estado buscava, de um lado, se colocar acima das classes em disputa, e de outro, criar condições para resistir às pressões do imperialismo e conquistar margens mais elásticas de soberania e independência nacional para sua ação dirigente. Foi esta, em seus traços essenciais, a dinâmica política que caracterizaria o regime populista, estabelecida pelo governo Vargas após uma fase de crise e instabilidade no início dos anos 1930, impulsionada pelos efeitos devastadores da crise de 1929, em que a escalada do conflito entre as classes e frações de classe da sociedade brasileira só pôde ser contida pelo golpe de Estado de 1937. Foi nesse período, favorecido pelas condições e circunstâncias criadas pela Segunda Guerra Mundial, que o Estado assumiu de fato a direção do processo de industrialização, urbanização e modernização capitalista do país e estabeleceu as bases da regulação populista dos interesses contraditórios das classes sociais em disputa.

4. Se o que a sociologia brasileira caracterizou como a mediação populista entre as classes sociais a partir da ação do Estado teve Vargas seu demiurgo, as concessões feitas aos trabalhadores nos marcos dessa mediação não podem ser consideradas apenas como concessões unilateralmente outorgadas pelo Estado, mas como conquistas históricas que responderam às pressões exercidas pela classe trabalhadora, ainda que de forma parcial e distorcida, manipuladora e autoritária. Sem a situação mundial aberta pela Revolução Russa e o modo como ela impulsionou o ciclo de greves operárias no país entre 1917 e 1935, a emergência histórica do regime populista e as concessões que nele foram feitas aos trabalhadores seriam incompreensíveis. Nesse sentido, o que justifica a existência do populismo é, antes de tudo, a inquietação operária e a necessidade de responder a ela de forma a contê-la nos limites da ordem; de outro lado, o que assegura o relativo sucesso da mediação populista são os limites mesmos da consciência operária em formação, condicionados pelas determinações estruturais e históricas[7] que limitavam seu desenvolvimento no contexto de um processo de industrialização e urbanização ainda incipiente.

Do ponto de vista da classe trabalhadora em formação, o populismo não deve ser considerado simplesmente como deformação a ser eliminada pela inevitável modernização das relações políticas e econômicas; nem deve ser subestimado como resultado direto da prevalência de formas inferiores da consciência de classe operária em comparação com a atribuição idealizada de uma consciência de classe operária avançada e capaz de auto-organização. O populismo só pode ser compreendido nos marcos do processo necessário de desenvolvimento da consciência operária e das lutas sociais no Brasil. Ele reflete uma consciência de classe ainda contingente e limitada, comum às fases iniciais da constituição do proletariado como classe. Ele manifesta a consciência operária do antagonismo entre capital e trabalho na forma ainda embrionária de um classismo prático e intuitivo, que se ampara na mediação estatal diante do jugo do despotismo fabril e das determinações

[7] Entre essas determinações históricas do processo de formação da consciência de classe do proletariado, podemos incluir: a herança de uma sociedade escravocrata, com altos padrões de exploração e opressão; a origem dos migrantes europeus, pauperizados e em muitos casos oriundos do exército industrial de reserva que se formava na Europa; a inexperiência política do proletariado em formação; os mecanismos despóticos de repressão empresarial-policial etc.

objetivas e subjetivas de uma relação de forças que expressava a ausência de uma alternativa socialista e revolucionária num país em que a formação do proletariado era ainda um processo incipiente.

O que a mediação populista e seus modos de regulação social das relações antagônicas entre capital e trabalho operaram não foi nem o esmagamento autoritário das demandas da classe trabalhadora por meio de uma ditadura policial, como em 1964, nem a simples manipulação paternalista e personalista que de cima se dirigia ao quietismo passivo de uma classe constitutivamente incapaz de lutar por seus direitos; pelo contrário, o que caracterizou a mediação populista foi seu esforço constante por dirigir, a partir da regulação e da mediação estatal, o processo histórico de integração da classe trabalhadora à sociedade capitalista industrial em formação, de modo que as demandas operárias e as contradições e antagonismos entre capital e trabalho pudessem encontrar, na regulação populista, os meios práticos de sua mediação. Do ponto de vista do regime populista, tratava-se, de um lado, de colocar os conflitos entre capital e trabalho sob o controle do Estado e nos limites da ordem burguesa; de outro, de assegurar aos trabalhadores um conjunto de direitos e garantias capazes de organizar e disciplinar, nos termos da lei, as relações entre capital e trabalho, conduzindo-as aos trilhos institucionais de sua regulação sob o marco da lei e a direção do Estado. As concessões feitas aos trabalhadores pelo regime populista visavam, de um lado, a impedir o desenvolvimento de uma consciência de classe e de uma atividade política independente por parte do proletariado, e para isso era essencial manter os comunistas e anarquistas fora das fábricas, dos sindicatos e das ruas; e de outro, a assegurar as condições para a formação de um amplo mercado interno de massas, essencial para o desenvolvimento da indústria e a estabilidade da ordem social e do próprio Estado.

De sua parte, o que o regime populista busca construir nesse processo era uma ampla base social de legitimação na classe trabalhadora urbana. Apoiando-se nas bases materiais que lhe eram propiciadas pelo crescimento capitalista, o populismo se movia no sentido de criar as condições sociais de sua legitimação política no seio da classe trabalhadora como base de apoio sem a qual não seria possível assegurar seu papel dirigente e resistir às fortes pressões exercidas pela burguesia e pelo imperialismo nos marcos da crise de hegemonia em curso. Se do ponto de vista da burguesia o populismo aparece como uma deformação, na medida em que ele se constituiu como obstáculo ao despotismo fabril ilimitado, o fato concreto é que o regime populista foi capaz de assegurar, por um longo período, a estabilidade de sua ordem social de dominação numa época marcada por crises, guerras e revoluções.

5. Nesses marcos, a dinâmica dialética e contraditória do populismo poderia ser resumida assim: de um lado, para resistir às pressões do capital imperialista, o regime populista buscava se apoiar na burguesia nacional e no proletariado; de outro, para limitar as aspirações hegemônicas da burguesia industrial e das demais frações da burguesia, e criar melhores condições de resistir às pressões do imperialismo, o regime populista buscava apoiar-se no proletariado; de um lado, para refrear as demandas regressivas do latifúndio, o regime populista buscava se apoiar na burguesia nacional e no proletariado em formação; de outro, para conter os movimentos do proletariado e das correntes políticas que atuavam em seu seio (sobretudo o comunismo e o trabalhismo de "esquerda"), o regime buscava se apoiar tanto na burguesia nacional como no imperialismo. Essa mesma lógica se refletia em sua política externa: tratava-se de se valer das rivalidades interimperialistas e da crise de hegemonia em curso nas relações internacionais para obter condições mais vantajosas nas negociações com as potências imperialistas e assim assegurar margens mais amplas de soberania e independência nacional.

Vale ressaltar que esse modo de regulação dos antagonismos entre as classes e de afirmação de um projeto nacional de desenvolvimento dirigido pelo Estado, num país estruturalmente dependente dos capitais externos, majoritariamente agrário, de desenvolvimento industrial retardatário e sem padrões endógenos de acumulação suficientes para impulsionar seu desenvolvimento autônomo, só pôde prosperar nos marcos de uma situação mundial em que o imperialismo tinha seu poder de intervenção limitado pelos efeitos da crise de 1929, pelos desdobramentos da Revolução Russa e pela escalada dos conflitos de classe, da luta pela hegemonia entre as potências imperialistas e dos enfrentamentos entre revolução e contrarrevolução que então formavam o quadro que desembocaria na ascensão do nazifascismo e na Segunda Guerra Mundial. Tanto é assim que, com o fim da Segunda Guerra Mundial e a afirmação dos EUA como potência imperialista hegemônica, as pressões do imperialismo estadunidense se fizeram sentir com muito mais força, contribuindo decisivamente para a liquidação do regime populista, a subordinação da burguesia nacional aos seus interesses e o estabelecimento dos termos e condições da subordinação estrutural do país ao imperialismo, concretizada pela contrarrevolução de 1964.

6. Sem levar em conta a mudança da situação mundial em função das novas configurações assumidas pelo capitalismo no pós-guerra, com a afirmação da hegemonia do imperialismo estadunidense e a conformação de uma nova divisão internacional do trabalho, é simplesmente impossível pensar os limites estruturais da industrialização, do modelo de desenvolvimento nacional e do próprio regime populista. O caráter periférico e dependente da industrialização capitalista no país era conferido, antes de tudo, pelo fato de que a produção dos bens de capital, das tecnologias avançadas e dos níveis mais qualificados da cadeia de produção industrial se concentrava nos países imperialistas. Nessas condições, a presença dos capitais externos no processo de industrialização tendia a se tornar, mais cedo ou mais tarde, preponderante em todos os setores da indústria; de outro lado, o intercâmbio com o mercado mundial só podia se estabelecer por meio da importação de bens de capital e de bens de consumo de maior densidade tecnológica e valor agregado, e da exportação (para além dos produtos primários que permaneceram e permanecem ainda como os principais itens da pauta de exportações do país) de bens de consumo (duráveis ou não duráveis) de baixo valor agregado. Em seu conjunto, essa dinâmica dos termos de troca conferia limites intransponíveis à política econômica de substituição de importações. Nesses marcos, só o que podia conferir vantagem competitiva ao país no mercado mundial era a existência de um sistema social articulado por relações capitalistas, semicapitalistas e pré-capitalistas, capaz de comprimir o custo da reprodução social da força de trabalho, pressionar o valor dos salários, permitir que os ganhos de produtividade da mecanização industrial não fossem repassados aos salários dos operários e assegurar a formação de um exército de proletários e semiproletários precarizados, pauperizados, subempregados ou desempregados, que pressionava para baixo os salários da classe trabalhadora. A inflação, a intensa rotatividade da mão de obra, o excedente de trabalhadores oriundos dos fluxos migratórios propiciados pelo êxodo rural, a repressão à organização sindical e política das classes subalternas, tudo isso formava um caldo que conspirava para a compressão dos salários como base estrutural do regime de acumulação primitiva que presidiu o processo de industrialização no país. Tratava-se, portanto, de um modelo de desenvolvimento que se assentava na concentração, centralização e acumulação acelerada de capitais, de um lado, e na produção das condições sociais, econômicas e políticas de reprodução de uma força de trabalho barata e abundante, de outro; mas que era temperado por uma dinâmica econômica que, exigindo a formação de uma ampla camada de trabalhadores intelectuais e de um mercado de consumo interno, indispensáveis à industrialização, fomentou o crescimento das classes médias urbanas e a elevação relativa de seu poder de consumo.

7. Em sua análise do caso mexicano, que se estendia então à situação do Brasil e da Argentina, Trotsky concluiu, no final dos anos 1930, que os governos de países industrialmente retardatários, na fase de transição de uma sociedade baseada no modelo agrário-exportador e em relações sociais de produção pré-capitalistas para o processo de industrialização, urbanização e modernização capitalista, costumavam apoiar-se no movimento operário para limitar as pressões do capital imperialista e assegurar margens relativas de independência nacional. Nesse quadro, o domínio do capital imperialista sobre as economias desses países dependentes, o caráter incipiente do processo de industrialização e de acumulação capitalista e o rápido e vigoroso crescimento do proletariado urbano limitavam as condições em que a burguesia nacional poderia estabelecer sua hegemonia. Era isso que permitia que o Estado pudesse se erguer acima das classes sociais e abrir o caminho para a dinâmica histórica de alternância entre regimes populistas e ditaduras policiais, característica marcante desse período da história da América Latina, que constantemente desembocava em situações revolucionárias e embates diretos entre revolução e contrarrevolução. Trotsky caracteriza assim essa situação:

> Nos países industrialmente atrasados, o capital estrangeiro desempenha um papel decisivo. Daí a relativa debilidade da burguesia nacional em relação ao proletariado nacional. Isso cria condições especiais de poder estatal. O governo oscila entre o capital estrangeiro e o nacional, entre a relativamente débil burguesia nacional e o relativamente poderoso proletariado. Isso confere ao governo um caráter bonapartista *sui generis*, de índole particular. Este se eleva, por assim

> dizer, acima das classes. Na realidade, pode governar ou se convertendo em instrumento do capital estrangeiro e submetendo o proletariado às amarras de uma ditadura policial, ou manobrando com o proletariado, chegando inclusive a fazer-lhe concessões, ganhando deste modo a possibilidade de dispor de certa liberdade em relação aos capitais estrangeiros. A atual política (do governo mexicano de Cárdenas) se liga à segunda alternativa; suas maiores conquistas são a expropriação das linhas férreas e das companhias petrolíferas.[8]

A análise de Trotsky sobre a América Latina no fim dos anos 1930 permanecerá atual durante todo o período de industrialização do continente. O bonapartismo varguista, como o peronista e outros exemplos que poderiam ser aqui citados, representa a segunda alternativa elencada por Trotsky. Os regimes ditatoriais que se estabeleceram no continente desde a sucessão de golpes militares orquestrados pelo imperialismo, que começa na Guatemala (1954), representam a primeira dessas alternativas. Nesse sentido, podemos constatar que a segunda alternativa foi preponderante no período crítico de crise do capital imperialista, que se estende da Primeira à Segunda Guerra Mundial e aos primeiros anos do pós-guerra; e que a primeira alternativa prevaleceu após a Revolução Cubana de 1959, quando o imperialismo estadunidense buscou assumir diretamente o controle da situação por meio de sucessivos golpes militares de Estado. Na ausência das condições objetivas e subjetivas para o protagonismo operário e camponês, as formas assumidas pela transição entre as formações sociais pré-capitalistas e as formações capitalistas que emergem dos processos de acelerada industrialização e urbanização nos principais países do capitalismo dependente oscilaram sempre ao sabor das cambiantes relações de força que se estabeleciam entre o capital imperialista, a burguesia nacional, o latifúndio, o campesinato e o proletariado em formação. Nesses marcos, a forma clássica do domínio direto do capital imperialista foi a "ditadura policial", enquanto a forma clássica do exercício de uma hegemonia limitada pela burguesia nacional se organizava sempre em torno do Estado populista e seu papel de dirigente no processo de desenvolvimento nacional e mediador dos interesses contraditórios entre o imperialismo, a burguesia nacional e o proletariado.

---

[8] TROTSKY, Leon. *Escritos latino-americanos*. São Paulo: Iskra, 2009, p. 193.

8. No Brasil desse período, a política do PCB, a despeito de suas oscilações, foi marcada por um equívoco fatal na concepção da dialética histórica do processo de formação do Brasil moderno e contemporâneo[9]. O PCB sempre apostou na aliança do proletariado e do campesinato com a burguesia nacional em torno de um projeto democrático de desenvolvimento nacional. A premissa em que se fundava essa política se assemelhava às posições mencheviques na Revolução Russa, que partiam da premissa teórica de que a revolução burguesa deveria necessariamente preceder a revolução proletária e socialista, que só poderia se desenvolver a partir das condições objetivas e subjetivas criadas pela revolução burguesa. Esse foi também o núcleo da concepção stalinista da revolução por etapas, que orientou a política da III Internacional sob sua direção[10]. Com base nessa concepção, a política do PCB se dirigia à formação de uma aliança entre o proletariado, o campesinato e os setores nacionalistas da burguesia progressista e democrática, com o objetivo estratégico de alavancar a revolução burguesa com base num programa nacional-desenvolvimentista, que se supunha capaz, de um lado, de superar o atraso representado pelo latifúndio, e de outro, conter a ameaça representada pelo imperialismo. É a partir dessa posição que o PCB atuou em diversos momentos como ala "esquerda" mal disfarçada do regime populista. O que a concepção teórica que orientava essa política não foi capaz de perceber seria tragicamente escancarado pela história. A burguesia, inquieta com o peso social crescente do proletariado urbano e assustada com a força de suas mobilizações – que passaram por um forte movimento ascendente no ciclo de greves operárias que se estendeu de 1953 a 1957 e começavam a expressar um programa político com a luta pelas reformas de base entre 1961 e 1964 –, terminaria por responder à situação de instabilidade social, econômica e política crescente não por meio de uma aliança com o proletariado e o campesinato em torno de um projeto democrático e nacional de desenvolvimento, mas pela associação direta com o imperialismo

---

[9] FALCÃO, Frederico. *Os homens do passo certo: o PCB e a esquerda revolucionária no Brasil (1942-1961)*. São Paulo: Sundermann, 2012.

[10] TROTSKY, Leon. *Stalin – O grande organizador de derrotas: a III Internacional depois de Lenin*. São Paulo: Sundermann, 2010; ______. *A teoria da revolução permanente*. São Paulo: Sundermann, 2011.

e o latifúndio para criar as condições que levariam ao triunfo do golpe militar-empresarial-imperialista de 1964.

Por detrás da política equivocada do PCB se achava a concepção (indissociável da teoria da revolução por etapas) que deslocava o conceito de classe social para colocar no centro da análise da luta de classes o conceito de "campo", também de inspiração stalinista, segundo o qual, em cada situação concreta da luta de classes, haveria um campo democrático e progressista e um campo conservador e reacionário. No caso brasileiro, o campo democrático seria então formado pelo proletariado, pelo campesinato e pelos setores nacionalistas e democráticos da burguesia nacional, e o campo conservador, pelo latifúndio, pelo imperialismo e pelos setores da burguesia subordinados ao imperialismo. Os traços da razão dualista criticada por Francisco de Oliveira estavam claramente presentes nessa concepção, que colocava como eixo da revolução burguesa no Brasil a relação dualista entre as forças do atraso e as forças da modernização, de modo que era preciso alinhar as classes subalternas sob a direção das forças modernizadoras, representadas pelos setores democráticos e nacionalistas das classes médias urbanas, da pequena burguesia e da burguesia nacional, em suas contradições com o latifúndio, de um lado, e com o imperialismo, de outro. Não seria preciso dizer que essas contradições não foram o fator preponderante na dinâmica das relações estabelecidas pela burguesia com as demais classes e frações de classe no período que antecede o golpe de 1964. O equívoco representado por essa concepção marcou a ação dos Partidos Comunistas na América Latina e nos países periféricos durante todo esse período, contribuindo assim para desarmar politicamente as classes subalternas e abrir os caminhos para a contrarrevolução militar-empresarial-imperialista. Em consequência, os Partidos Comunistas, após serem esmagados pelos regimes militares que se estabeleceram em quase todo o continente, terminaram por se fragmentar, em meio a um processo de polêmicas, cisões e divisões que conduziu à pulverização sem precedentes das organizações da esquerda brasileira e latino-americana.

9. O ciclo das grandes greves operárias de 1953 a 1957 e a ofensiva popular pelas reformas de base entre 1961 e 1964 escancararam as carências estruturais vividas pela classe trabalhadora, evidenciaram os limites das modalidades populistas de regulação do conflito entre as classes, colocaram em xeque a propriedade e a estrutura fundiária, desafiaram o despotismo fabril e colocaram pressão sobre o regime de acumulação capitalista. A estrutura burocrática do sindicalismo de Estado criada por Vargas foi intensamente pressionada pela radicalização das bases operárias e pela importante atuação dos comunistas e trabalhistas de "esquerda" no movimento operário, sendo assim obrigada a transitar de posições eminentemente defensivas para a ofensiva em torno das reformas de base e de um programa político que tendia a colocar em xeque as bases estruturais do regime de acumulação. A formação das Ligas Camponesas, ao levantar a bandeira da reforma agrária, assustou os latifundiários e acirrou os conflitos de classe no campo. Os velhos esquemas de repressão empresarial-policial já não surtiam mais os mesmos efeitos desmobilizadores. O movimento estudantil, parte das classes médias urbanas, dos intelectuais, da Igreja e mesmo das Forças Armadas se alinharam com a luta pelas reformas de base e o processo de mobilização popular das classes subalternas. O regime populista, na figura do governo de João Goulart, se achava espremido entre as pressões das classes proprietárias, dos militares, do latifúndio e do imperialismo, que conspiravam abertamente pela derrubada do governo, e a mobilização crescente da classe trabalhadora da cidade e do campo em torno das reformas de base. Armou-se então um cenário semelhante ao que havia levado, dez anos antes, ao suicídio de Getúlio Vargas, quando as massas, em comoção à morte de Getúlio, saíram às ruas e adiaram por uma década o golpe que viria a triunfar em 1964. O governo Jango buscou se apoiar na mobilização das ruas, mas não foi capaz de conduzir às suas últimas consequências a luta pelas reformas de base nem de preparar a resistência ao golpe militar que se preparava. Essa história é sobejamente conhecida e não cabe nos estendermos na reconstituição dos acontecimentos que desembocaram na encruzilhada mais importante da história do país, decisiva para o destino dos embates diretos entre revolução e contrarrevolução que se alastravam à época pelo continente e por grande parte dos países periféricos. Os limites do regime populista e do projeto de desenvolvimento nacional foram postos à prova, de um lado pela mobilização popular e pela radicalização das classes subalternas; de outro, pela conspiração aberta dos militares, do imperialismo e das classes dominantes. Poucos anos após o triunfo da revolução socialista em Cuba, pela primeira vez na história do Brasil se vivia uma situação em que a irrupção das massas na história já não deixava alternativa senão o embate frontal entre revolução e contrarrevolução.

Levar as reformas de base a cabo pressupunha pressionar as bases do regime de acumulação e, no limite, romper com o latifúndio, a burguesia e o imperialismo, tarefa que deveria ser concebida como incontornável nos marcos da situação revolucionária mundial marcada pela Guerra Fria e pelo embate direto entre revolução e contrarrevolução em boa parte dos países periféricos. Que isso não estava meridianamente claro nem para os comunistas nem para os trabalhistas de "esquerda" nem para o governo ficou evidente em abril de 1964, quando nenhuma dessas forças havia preparado o movimento de massas para resistir política e militarmente ao golpe desfechado pelas Forças Armadas. Na prática, as perspectivas de realizar as reformas de base, naquele momento, sem romper com os limites do programa democrático e nacional-desenvolvimentista e do regime populista, terminaram por se revelar francamente ilusórias. Do outro lado, derrotar as reformas de base era vital para que as classes proprietárias pudessem estabelecer o controle da situação. Para isso, a única solução possível era derrubar o governo Jango, que cada vez mais buscava se apoiar nas lutas populares, a fim de esmagar a ação política das classes subalternas por meio do estabelecimento de uma ditadura policial. Em síntese, retrospectivamente podemos constatar que o imperialismo e as classes dominantes se prepararam ativamente para lançar mão de todos os métodos contrarrevolucionários a seu alcance, enquanto as direções das classes subalternas se limitavam a pressionar o governo pela implantação das reformas de base. O governo, pressionado pelos dois lados, buscava se apoiar na força das massas mobilizadas e para isso lançava mão de medidas parciais que iam ao encontro das reivindicações populares, mas sem se mostrar disposto a levá-las às últimas consequências e sem apontar na direção de uma ruptura decisiva com as classes dominantes. Quando o golpe foi desfechado, nem o governo nem as direções e organizações das classes subalternas estavam preparados para resistir. No momento decisivo, os setores hegemônicos da burguesia nacional, o imperialismo e as Forças Armadas, com apoio do latifúndio, da pequena burguesia e de parte importante das classes médias urbanas, esmagaram o movimento pela força das armas, assegurando que as modalidades do exercício do poder estatal fossem de fato realinhadas com a natureza despótica do regime de acumulação.

10. A história da ditadura militar-empresarial-imperialista se divide em três grandes períodos: o primeiro se estende de 1964 a 1968, quando a ditadura, ainda buscando angariar o consentimento popular ao regime estabelecido pela força das armas, decidiu implantar gradualmente, por meio de decretos de lei e atos institucionais, medidas de suspensão das liberdades democráticas, desmonte das organizações da classe trabalhadora e supressão de leis e políticas adotadas pelo regime populista que estavam em contradição com os interesses do capital, ao mesmo tempo em que começava a estruturar a política econômica que visava a assentar as bases de um regime de acumulação liberto dos constrangimentos da luta de classes e de todos os compromissos e amarras que o regime populista impunha à mais ampla liberdade dos capitais. Nesse período, a ditadura ainda se apresentava como um regime transitório que, para aplacar as resistências que se intensificavam, declarava-se não como regime ditatorial, mas como governo provisório estabelecido apenas pelo tempo que fosse necessário para assentar as condições do retorno seguro ao regime democrático.

O segundo período se inicia de fato em 1968, quando a explosão das greves operárias em Osasco e Contagem e o crescimento das mobilizações de rua pelo fim da ditadura levaram ao completo fechamento do regime, materializado na promulgação do AI-5, na perseguição, prisão e exílio de milhares de pessoas e na supressão sumária de todas as liberdades democráticas. Nesse período, a política econômica da ditadura havia criado condições para um ciclo acelerado de crescimento econômico e acumulação capitalista, que viria a se materializar no "milagre econômico" do final dos anos 1960 e início dos 1970, que a ditadura buscou então usar como meio para a obtenção do consentimento popular a seu regime de força no momento em que seu sistema de repressão policial-militar funcionava a todo vapor, sobretudo no combate aos focos de guerrilha urbana e rural que haviam se formado quando os canais da ação política de massas foram completamente bloqueados pelo regime.

O terceiro período se inicia em meados dos anos 1970. Em função da crise econômica mundial que se iniciara em 1973 e dos impactos que ela começava a exercer sobre a economia nacional, o regime ditatorial começa a acenar, a partir de 1974, com uma política de "abertura lenta, pacífica e gradual". Seu objetivo era iniciar uma transição política controlada por cima, a fim de assentar as bases de um regime político formalmente democrático, mas de fato incapaz de pôr em xeque as bases do regime de acumulação despótico. Com a retomada das greves operárias e das lutas de massa pelo fim da ditadura e a escalada da inflação e da crise econômica no país, nos últimos anos da década de 1970, a "abertura" do regime terminaria por se estender por uma década, pontuada pelo acirramento dos conflitos de classe na cidade e no campo e pelo crescimento do movimento de massas, que atingiria seu cume com a luta pelas Diretas Já em 1984, o maior movimento de massas da história do país, que colocaria fim a mais de 20 anos de ditadura no país.

O que se demonstra em todas as fases da ditadura é, antes de tudo, o modo como ela foi condicionada, do início ao fim, pela necessidade de responder às pressões do proletariado e das classes médias urbanas, que desembocaram, na fase final da luta democrática, na formação da ampla unidade nacional pelo fim do regime militar. A combinação entre crise econômica e mobilização popular evidenciou os limites estruturais do regime de acumulação despótico num país de capitalismo dependente, que seguiram se manifestando nos anos 1980 (a "década perdida"), se aprofundaram nos anos 1990 (a década do neoliberalismo) e conformam, até hoje, os impasses estruturais que continuam a fazer do Brasil uma nação socialmente fraturada.

Para não concluir

As draconianas políticas neoliberais da Era FHC, que ajustaram a economia do país aos ditames da economia capitalista global, combinadas às políticas sociais e ao crédito popular do populismo lulista, teriam sido capazes de deixar para trás a crise crônica, criar as condições do consentimento popular e colocar o país na rota do desenvolvimento, como querem fazer crer as vozes dominantes que ecoam de quase todos os espectros da cena política nacional? Não nos parece sustentável uma hipótese como essa. Vejamos.

A herança de FHC materializou-se na implantação do modelo neoliberal no país: abertura econômica, privatização das estruturas da economia nacional, reestruturação produtiva, política econômica ajustada às exigências do sistema financeiro internacional, ampla liberalização dos fluxos de capital e criação das condições para a internacionalização e financeirização da economia brasileira. Na prática, os anos FHC aprofundaram e consolidaram a herança da ditadura, atualizando as bases da subordinação estrutural do país aos termos impostos pela "nova ordem mundial". Os "realistas" de plantão argumentam que FHC apenas ajustou os termos da inserção subalterna do país no "admirável mundo novo" do capital globalizado: o que na prática querem dizer é que qualquer governo teria sido obrigado a fazer o mesmo à época – e que qualquer governo que o sucedesse teria de se manter nos marcos desses mesmos eixos estruturais. Segundo esse argumento, a completa subordinação da política à economia e dos Estados e governos ao poder do sistema financeiro e das grandes corporações transnacionais que controlam o mercado mundial se tornou inevitável num mundo em que as condições estruturais da governabilidade global arquitetadas pelo sistema financeiro internacional criaram o ambiente em que a política se tornou um balcão de negócios e a corrupção institucionalizada faculta que professores de economia se tornem banqueiros, sindicalistas se convertam em gestores dos fundos de pensão que hoje fazem da poupança dos trabalhadores combustível para alimentar os lucros do sistema financeiro.

O controle da inflação, aliado aos ajustes neoliberais realizados por FHC, ao assegurar as condições da internacionalização da economia brasileira, abriu as comportas para a liquidez financeira que ampliou a oferta de crédito e criou, após 30 anos de crise, as bases de um novo ciclo de crescimento econômico, que conferiu as condições que em última análise explicam a popularidade do governo Lula. Mas essas bases foram construídas com recursos externos e por meio do endividamento do país – são tão frágeis como as que impulsionaram o "milagre econômico" dos anos 1970. Não nos iludamos com o "milagre lulista": Lula não inventou a mágica que permitiria governar ao mesmo tempo para banqueiros e trabalhadores nos estreitos limites do capitalismo dependente[11]. O que se passou é que a corrosão inflacionária dos salários, como meio de compressão dos custos de reprodução social da força de trabalho e aceleração da acumulação financeira de capitais, foi vantajosamente substituída (do ponto de vista tanto da legitimação social do regime como da adequação da economia ao mundo do capital globalizado e da extração de mais-valia da produção) pela política de juros estratosféricos,

---

[11] ARCARY, Valério. *Um reformismo quase sem reformas: uma crítica marxista do governo Lula em defesa da revolução brasileira*. São Paulo: Sundermann, 2011.

que permitiu que a ampliação exponencial das margens de acumulação não se desse mais pela compressão do consumo, mas por seu crescimento, regado pela ampliação do crédito, mas ao custo pesado do endividamento sem precedentes, cuja conta virá cedo ou tarde. Mais um ciclo de crescimento ao custo de um processo insustentável de endividamento, que se estende agora do governo às empresas, famílias e indivíduos? Repetição da tragédia como farsa destinada a produzir ao fim uma tragédia ainda maior?

Não importa o que digam os acólitos do neoliberalismo, Lula chegou ao poder em função da devastação social provocada pelo receituário neoliberal aplicado à risca pelos tecnocratas de FHC, cercado de imensas expectativas populares. Mas chegou ao poder devidamente autorizado pelo compromisso público com o sistema financeiro internacional, formalizado na "Carta ao povo brasileiro" (compromisso que há muito havia sido firmado pelo núcleo duro da burocracia lulista-petista-cutista, encastelada na administração dos fundos de pensão)[12]. Seu governo se moveu, habilmente, nos estreitos limites de uma contradição que é apenas aparentemente improvável e em todo caso destinada a explodir na próxima esquina da história[13]. De um lado, Lula foi autorizado a recompor as margens de legitimidade do regime, que

---

[12] OLIVEIRA, Francisco de, op. cit.

[13] As aparentes contradições do lulismo fizeram com que FHC as identificasse com a velha tradição populista da manipulação paternalista das massas pela liderança carismática. A nosso ver, uma caracterização como essa é anacrônica, empobrece o problema e serve apenas para nos impedir de apreender as dimensões de sua particularidade numa situação histórica bastante diversa da que deu origem ao populismo. Ademais, elas obscurecem a origem do lulismo no processo de reorganização sindical e política que se iniciou no final dos anos 1970 e fez do PT o maior partido construído pela classe trabalhadora no Brasil. Uma explicação como a de FHC nos dispensaria da tarefa de compreender o transformismo petista, ponto de partida da análise de Chico de Oliveira, que coloca a questão assim: se para prosperar o capitalismo dependente precisa produzir as condições sociais, econômicas e políticas de reprodução social de uma força de trabalho barata, abundante e disciplinada, o transformismo petista, com suas políticas de ampliação do consumo e seu controle sobre os movimentos sociais, fortaleceu as condições desta reprodução, assegurando que a extração de mais-valia encontrasse menos resistência na classe trabalhadora e a instrumentalização do Estado para os fins da acumulação capitalista pudesse se combinar com seu aparelhamento por uma burocracia sindical-partidária que já havia estabelecido seus laços com o mercado financeiro por meio da administração financeira dos fundos de pensão, antes mesmo de ter chegado ao poder.

haviam sido esgarçadas por uma década de ajustes neoliberais. Ele o fez por meio da combinação entre ampliação do crédito popular ao consumo, aumento real do salário mínimo e formação de uma rede de políticas públicas e de mecanismos de transferência de renda aos segmentos mais pobres, que criaram a demanda que impulsionou o primeiro ciclo de crescimento desde os anos 1970. De outro, foi constrangido a manter intacta a estrutura que subordina a economia aos ditames do capital financeiro. Mais do que isso, foi levado a pilotar um ciclo de crescimento baseado num processo de endividamento que envolveu empresas e famílias e fez com que os juros, amortizações e custos da rolagem da dívida pública, em crescimento exponencial, passassem a consumir mais de 40% do orçamento estatal[14].

Essa contradição, se observarmos de perto, é apenas aparente. A queda das exorbitantes taxas de desemprego da Era FHC, determinada pela demanda criada pela ampliação do crédito, serviu na verdade para ampliar as margens de acumulação e de extração de mais-valia, num quadro em que a quase totalidade dos empregos criados estão na faixa de até dois salários mínimos. A formalização das relações trabalhistas serviu na verdade para aumentar a arrecadação tributária, que tem batido recordes sucessivos, indispensáveis para alimentar o crescimento exponencial do sistema rentista da dívida pública, sem contribuir para conter a escalada brutal da precarização cada vez maior dos empregos, escancarada pelo crescimento dos acidentes de trabalho no país. A recomposição do salário mínimo, a ampliação do crédito e o crescimento do poder de consumo serviram na verdade para aquecer a demanda, ativar as capacidades ociosas e represadas da economia, ampliar as margens de acumulação e fomentar o endividamento crescente das famílias brasileiras, que comprometem parte cada vez maior de sua renda em mais de dois terços dos lares do país. As miúdas concessões feitas aos assentados da reforma agrária e a organizações que, como o MST, travam a luta histórica pela reforma agrária serviram para arrefecer as lutas no campo e atrelar os movimentos sociais no campo à base de apoio de um governo que dispende bilhões de reais no financiamento público do agronegócio e na consolidação de uma estrutura agrícola e fundiária que se baseia na devastação predatória do meio ambiente, no esvaziamento do campo, na

---

14 Para conferir dados do sistema da dívida pública, vf. www.auditoriacidadadadivida.org.br.

intensificação da exploração dos trabalhadores rurais, na ampliação do pauperismo rural, em regimes semiescravos de trabalho e na reciclagem do modelo agrário-exportador na forma industrializada da moderna monocultura exclusivamente dirigida ao mercado mundial. Com isso, foram bloqueados os caminhos da reforma agrária, o que não dispensa os senhores de terras de recorrer aos velhos métodos da repressão empresarial-policial, com a cobertura dos poderes instituídos, para liquidar impunemente os militantes da reforma agrária. Os investimentos estatais na infraestrutura do país aqueceram a demanda e propiciaram emprego, mas o fazem ao custo do retorno aos mais brutais regimes de exploração do trabalho, da devastação ambiental em larga escala, do confisco das terras indígenas e das populações ribeirinhas e camponesas, num modelo em que o Estado financia as obras que, conduzidas pelas empreiteiras que financiam as campanhas eleitorais por meio de contratos superfaturados, servirão às grandes empresas transnacionais que dominam hoje quase todos os ramos da produção no país.

Nesse sentido, o lulismo não representa a superação dos impasses estruturais que sempre de novo se recolocam no processo de modernização capitalista do país, mas sua recolocação num patamar ainda mais contraditório e complexo[15]. A reprodução social da força de trabalho, aliada ao estoque de recursos naturais disponíveis, segue sendo a principal vantagem competitiva do país no mercado mundial, limitando a necessária renovação constante da base técnica do capital e o crescimento da produtividade do trabalho e contribuindo para preservar a dependência estrutural de capitais e tecnologias estrangeiras. De outra parte, a reprodução social da força de trabalho muito abaixo de seu valor constrange o processo de acumulação capitalista aos estreitos limites condicionados pelos baixos salários, pelo pauperismo e pela compressão das necessidades da imensa maioria da população. Mas a este constrangimento estrutural, a financeirização da economia capitalista no Brasil acrescentou outros: num país que ostenta as mais altas taxas de juros do mundo nos últimos 20 anos, é mais rentável, seguro e atraente investir capitais no mercado financeiro e no sistema rentista da dívida pública do que aplicá-los no setor produtivo. De outro lado, a imensa pressão que a

---

[15] BRAGA, Ruy. Let's play that. In: ______. *A política do precariado: do populismo à hegemonia lulista*. São Paulo: Boitempo, 2012.

financeirização da economia coloca sobre o processo de extração de mais-valia contribui decisivamente para intensificar e prolongar a jornada de trabalho, rebaixar salários e compensar a debilidade na produção da mais-valia relativa por meio dos ganhos de produtividade pela intensificação brutal da exploração do trabalho pelos meios diretos da mais-valia absoluta. Na outra ponta, a financeirização do capital, ancorada no crescimento exponencial do sistema rentista da dívida pública, exige que o Estado lance uma pesada carga tributária sobre salários, consumo de mercadorias e (em menor medida) ganhos de capital e, ainda assim, tenha sua capacidade de investimento nos serviços públicos e na infraestrutura da sociedade severamente limitada – o que, por sua vez, serve como pretexto para impulsionar as privatizações, que ao criar imensos monopólios privados que dominam as estruturas da economia e da sociedade, elevam os custos de bens e serviços como energia, comunicações etc., em detrimento do poder de compra da população e da capacidade de investimento produtivo. Tudo isso reduz a capacidade de investimento do Estado, o valor da força de trabalho, o poder de consumo da população, o aumento da produtividade, a taxa de poupança e os níveis de investimento, numa dinâmica em que cada um desses fatores alimenta todos os outros num círculo vicioso que responde pela drástica redução das taxas de crescimento econômico do país, não só muito abaixo dos níveis de crescimento do país no século XX, mas muito abaixo das taxas de crescimento da grande maioria dos países de capitalismo periférico no século XXI.

Não é à toa que as massas abandonaram seu aparente quietismo para tomar as ruas do país nas grandes manifestações de junho de 2013 – e após 30 anos, sem se colocar sob a direção petista, se chocando contra ela e evidenciando o fim de sua hegemonia sobre a juventude, as classes médias e o proletariado. O aparente consentimento ao modelo hegemônico foi posto em xeque, embora a desorganização das massas tenha permitido que a violência policial ganhasse as ruas e as manifestações se encerrassem sem qualquer saldo organizativo ou político. O descompasso entre as ruas e o regime político escancarou a violência do regime de acumulação e a desmoralização das instituições aos olhos das massas indignadas num momento em que o crescimento econômico estancou-se, a economia mundial ainda não se recuperou da maior crise do pós-guerra e os níveis de endividamento do Estado, das empresas e da população se tornam cada vez mais insustentáveis.

REFERÊNCIAS BIBLIOGRÁFICAS

ARCARY, Valério. *Um reformismo quase sem reformas: uma crítica marxista do governo Lula em defesa da revolução brasileira*. São Paulo: Sundermann, 2011.

BIANCHI, Álvaro. Revolução passiva: o pretérito do futuro. In: ______ (Org.). *Arqueomarxismo: comentários sobre o pensamento socialista*. São Paulo: Alameda Editorial, 2012.

BRAGA, Ruy. Let's play that. In: ______. *A política do precariado: do populismo à hegemonia lulista*. São Paulo: Boitempo, 2012.

DREYFUSS, René. *1964: a conquista do Estado – ação política, poder e golpe de classe*. 5. ed. Petrópolis: Vozes, 1987.

FALCÃO, Frederico. *Os homens do passo certo: o PCB e a esquerda revolucionária no Brasil (1942-1961)*. São Paulo: Sundermann, 2012.

GRAMSCI, Antonio. *Cadernos do cárcere*. Rio de Janeiro: Civilização Brasileira, 1999.

OLIVEIRA, Francisco de. *A crítica da razão dualista - Ornitorrinco*. São Paulo: Boitempo, 2003.

SECCO, Lincoln. *História do PT*. São Paulo: Ateliê, 2011.

TROTSKY, Leon. *Escritos latino-americanos*. São Paulo: Iskra, 2009.

______. *Stalin – O grande organizador de derrotas: a III Internacional depois de Lenin*. São Paulo: Sundermann, 2010;

______. *A teoria da revolução permanente*. São Paulo: Sundermann, 2011.

WEFFORT, Francisco. *O populismo na política brasileira*. São Paulo: Paz e Terra, 1978.

O presente como história

CELSO FREDERICO

Meio século depois, o golpe de 1964 continua sendo um objeto de estudo que desafia os historiadores. Nada mais natural, considerando-se a importância do acontecimento e seus terríveis desdobramentos. À medida que o tempo passa, a perspectiva do presente se impõe entre o historiador e o seu objeto de estudo, problematizando a objetividade da interpretação.

Eric Hobsbawn, ao voltar-se para a história do presente observou: "Já se disse que toda história é história contemporânea disfarçada", pois "o passado não pode ser entendido exclusiva ou primordialmente em seus próprios termos: não só porque ele é parte de um processo histórico, mas também porque somente esse processo histórico nos capacitou a analisar e a compreender coisas relativas a esse processo e ao passado"[1].

No caso do golpe de 1964, coube inicialmente aos vencedores impor sua versão dos fatos. O escritor Érico Veríssimo, cunhando a expressão "operação borracha", resumiu magnificamente o intento de apagar a memória da rica experiência vivida pelo país no pré-64. A "bagunça", "anarquia", "subversão" e "corrupção" haviam sido enfim superadas com a nova ordem e a autoridade recém-instauradas.

A repressão associada à campanha ideológica calou os vencidos. Mas os seus ecos se fizeram sentir, tempos depois, nos estudiosos das ciências sociais, especialmente os da Universidade de São Paulo. Críticos da ditadura, por eles chamada eufemisticamente de "autoritarismo", reservaram para o período anterior o conceito vago de "populismo", embaralhando, assim, o governo de João Goulart com Perón, Nasser e todos os demais políticos que não se encaixam no figurino da democracia liberal. A ausência de rigor teórico gerou uma proliferação de teorias sobre "política populista", "governo

1 HOBSBAWN, Eric. *Sobre história*. São Paulo: Companhia das Letras, 1998, p. 243 e 173.

populista", "sindicalismo populista" etc. Verdadeiro passaporte universal, tal teoria tudo incluía para tudo diluir numa generalização abusiva que tanto prejuízo trouxe às ciências sociais[2].

A boa tradição historiográfica, ao contrário, mantém distância da *generalização* que dilui os acontecimentos num todo indistinto. Mas, por outro lado, opõe-se também ao *empirismo* que isola o fenômeno estudado de seu contexto global. E, aqui, cabe como exemplo o importante trabalho jornalístico de Elio Gaspari, que nos mostra com minúcias a ação dos golpistas, mas não revela as conexões que eles mantinham com os grupos econômicos nacionais e internacionais[3]. A ênfase unilateral na singularidade parece ser uma característica do jornalismo enquanto forma de conhecimento da realidade[4].

Outro exemplo da fixação no singular desconectado do universal são também aquelas reconstruções da história feitas a partir da memória de alguns participantes, personagens centrais ou coadjuvantes dos grandes acontecimentos. Quase sempre a história torna-se aí memorialística ou, para ser preciso, um discurso coexistindo ao lado de outros discursos, todos eles com a mesma importância na reconstituição dos fatos. O resultado final é o relativismo que nos afasta da *verità effetuale delle cose*, característico da pós-modernidade.

Uma das referências mais citadas nessa vertente é o ensaio de Walter Benjamin, "Sobre o conceito de história"[5]. Último texto do autor, escrito às vésperas do suicídio, apresenta uma surpreendente visão "não linear" do processo histórico. Os aforismos de Benjamin, de extraordinária beleza, formam uma peça literária enigmática e aberta às mais diferentes apropriações.

Benjamin havia proposto uma nova forma para se estudar a história: uma concepção baseada na memória como força capaz de restabelecer o passado.

---

[2] Uma crítica aos fundamentos teóricos desse conceito generalizante foi feita por Rubens Barbosa Filho em *Populismo: uma revisão teórica* (UFMG, 1980).

[3] GASPARI, Elio. *A ditadura envergonhada*. São Paulo: Companhia das Letras, 2003.

[4] Esta tese é amplamente desenvolvida por Adelmo Genro Filho. Para esse autor, que retoma as categorias dialéticas do universal, singular e particular, tal como aparecem na lógica de Hegel e, principalmente, em a *Estética* de Lukács, o jornalismo "constrói-se deliberada e conscientemente na direção do singular", entendido como sua "matéria-prima". Vf. GENRO FILHO, Adelmo. *O segredo da pirâmide: para uma teoria marxista do jornalismo*. Porto Alegre: Tchê!, 1987.

[5] In: BENJAMIN, Walter. *Obras escolhidas*. São Paulo: Brasiliense, 1986. v. 1.

O historiador não deve "reconstituir" o passado tal como ele foi, pois isso, segundo ele, é um procedimento positivista que reifica o passado e a experiência vivida dos homens. Trata-se, isto sim, de "relembrar" o passado, transformá-lo em um *passado presente*. Os textos anteriores do autor, todavia, já se haviam encarregado de fazer o diagnóstico da dissolução da experiência no mundo moderno. O pensamento de Benjamin nos conduz assim a um impasse, o que só instiga ainda mais a luta pelo real significado de seu pensamento.

A intenção revolucionária de Benjamin, acompanhada de uma argumentação teológica e messiânica, foi, posteriormente, abandonada por diversos autores que dele só retiveram o antievolucionismo, numa apropriação irracionalista que passou a orientar a chamada "nova história" e toda a pós-modernidade.

Uma problematização inteligente dessa tendência foi desenvolvida pela ensaísta argentina Beatriz Sarlo. Com a democratização, a Argentina conheceu uma quantidade impressionante de relatos. Inicialmente, eram os testemunhos feitos em tribunal para condenar os torturadores. Iniciou-se, a partir daí, um mergulho no passado, um esforço para recuperar a memória dos acontecimentos: todos eram instados a relembrar os episódios. E esse movimento não ficou restrito aos tribunais – lá, eles tiveram uma validade indiscutível. Acontece que a rememoração não se limitou aos tribunais: uma quantidade impressionante de relatos, testemunhos, depoimentos, filmes, livros etc. apontava para outra possibilidade – a reconstituição do passado feita através dos testemunhos em primeira pessoa.

O que interessa à autora é acompanhar essa tentativa de colocar o testemunho pessoal como quase um substituto da historiografia: uma *história do eu* que se opõe à *história do nós*; o relato subjetivo, baseado na experiência dos indivíduos, ocupa o lugar do estudo distanciado e rigoroso do historiador às voltas com a história social (que não se confunde com a pluralidade dos "eus").

A testemunha ocular tem um valor inconteste nos tribunais. Mas transportar esse método, e só ele, como o método de reconstituição dos fatos históricos, é permanecer na incerteza de uma certeza presunçosa. O relato pessoal, enquanto um tipo especial de discurso, pertence à "retórica da persuasão": seu objetivo é convencer o interlocutor. O historiador, ao contrário, como bem observou Beatriz Sarlo, busca o *esclarecimento* dos fatos e não o convencimento do leitor. A narrativa, portanto, não pode substituir a explicação.

O relato subjetivo prescinde da análise e da reflexão, pois estas exigem um *distanciamento* entre fato e interpretação. E a palavra distanciamento, desde Brecht, expressa a desconfiança da razão que questiona a relação imediata entre a experiência e a sua representação.

Finalmente, os casos individuais, enquanto individuais, têm pouco interesse para a reconstituição da história. Assim, a ação de um indivíduo só interessa para a história enquanto ela for um elemento significativo, movido pela lógica geral do processo, que a ação ajuda a iluminar e é por ele iluminado.

Como se pode perceber, as relações entre o presente e o passado são, portanto, relações tensas: toda concepção de história se posiciona, cada uma a seu modo, na interpretação do passado e sua relação com o tempo presente. A historiografia desconfia da memória e esta põe em dúvida as tentativas de reconstituição objetiva que excluem o papel da subjetividade.

A reconstrução da história através do testemunho pessoal é sempre problemática. Apesar da insistência de se oferecer a própria vivência como critério, há uma incontornável ambiguidade. O passado evocado não é necessariamente o passado tal como foi efetivamente vivido, pois o presente procura, digamos assim, "corrigir" o passado, imprimir-lhe, *a posteriori*, um sentido. Sem contar que, com o passar do tempo, as pessoas podem passar por profundas mudanças ideológicas e, assim, reinterpretar os acontecimentos vividos à luz de suas novas concepções.

Um exemplo brasileiro é a produção memorialística de Fernando Gabeira, empenhada em contar aquilo que foi reprimido e censurado: a história da esquerda armada, uma história a contrapelo que se opõe à história oficial. Em suas palavras, trata-se da "fatia que me tocou viver e contar".

Um de seus livros, *O que é isso, companheiro?*[6], foi sucesso de público com direito a várias edições. Trata-se de um testemunho da história vivida pelo autor. Mas a inquietante pergunta que dá título à obra já nos coloca uma indagação – feita muito tempo depois da experiência vivida – sobre o próprio sentido daquela experiência. Uma coisa, portanto, era o passado como foi efetivamente vivido e pensado pelos militantes de esquerda; outra, a rememoração que resgata o passado com os olhos e os valores do presente. E Gabeira, como se sabe, mudou muito.

---

[6] GABEIRA, Fernando. *O que é isso, companheiro?* Rio de Janeiro: Codecri, 1979.

Há um estudo sobre a obra de Gabeira feito por Davi Arrigucci Jr. Comentando as dificuldades desses depoimentos, ele se pergunta: "Numa época em que tudo é mediado, como chegar à experiência íntima do vivido?" A derrota total do movimento e seus efeitos sobre a estrutura psicológica do autor vão aparecendo no texto, pouco a pouco. Os problemas de identidade vividos pelo autor após os fatos narrados transparecem no texto, em diversas passagens em que fatos são narrados e, ao mesmo tempo, se aponta para a ingenuidade dos propósitos e a total impossibilidade da ação se realizar como prevista.

Arrigucci, então, faz o seguinte comentário: "Este é o ponto mais delicado do depoimento enquanto tal, pois o Eu que narra não é o Eu que viveu os fatos (...). O que mais importa, a meu ver, é observar a mudança de estatuto do texto, que se verifica com a passagem do ser que simplesmente depõe ou conta história da fração fundamental de sua vida ao ser que se interroga sobre o sentido do que viveu"[7].

Na sequência, Arrigucci analisa os livros posteriores de Gabeira, *Entradas e bandeiras* e *O crepúsculo do macho*, para mostrar como a interrogação sobre o sentido – feita *a posteriori* – se sobrepõe ao efetivamente vivido que, na época, revestia-se de um sentido muito diferente do momento em que foi narrado.

* * *

Contra a generalização abusiva, o empirismo, a boa historiografia erige como tarefa a descoberta da *particularidade*, "a análise concreta de uma situação concreta"; e, contra as pretensões da memória de impor um sentido ao passado, a dialética prefere falar no *presente como história*: os fatos do passado são sempre mais bem compreendidos no presente, quando o ciclo histórico já se realizou. Se é o capitalismo que ajuda a entender o pré-capitalismo, se o presente nos revela com melhor clareza o passado, uma questão prévia aflora na consciência do pesquisador. De que *presente* se trata? Qual é o presente que explica o passado? É exatamente aqui que a dialética se distingue dos demais procedimentos. Há que distinguir sempre entre o *presente-empírico*,

---

[7] ARRIGUCCI JR., Davi. "Gabeira em dois tempos". In: ______. *Enigma e comentário*. São Paulo: Companhia das Letras, 1987, p. 132.

os diversos momentos circunstanciais que se sucederam ao fato estudado, e o *presente-resultado*, aquele presente que realizou as tendências e as promessas contidas no passado. A dialética, evidentemente, trabalha com a segunda possibilidade e os discípulos não marxistas de Benjamin, com a primeira.

Cinquenta anos depois, o golpe de 1964 pode ser visto como um capítulo de um ciclo histórico que ainda não se fechou. Apesar das drásticas transformações vividas pela sociedade brasileira, as questões de fundo que estiveram presente e que ocasionaram o movimento golpista continuam sendo de uma desagradável atualidade: as reformas de base (em especial, a agrária), o papel do Estado na condução da economia, a questão nacional e a luta anti-imperialista são temas atualíssimos repostos numa nova configuração histórica, uma vez que ainda não foram equacionados. É impossível, portanto, manter a passividade de um arqueólogo: falar sobre o golpe de 1964 implica necessariamente tomar partido nas querelas do presente.

O fio da história

O golpe não foi um raio caído de céu azul: ele se inscreve numa impressionante sequência de quarteladas ocorridas na América Latina[8]. Mesmo no que diz respeito à política brasileira, 1964 foi o ponto final de uma série de tentativas golpistas urdidas pelo conluio entre militares e seus aliados civis, os políticos da UDN, que sempre se apresentaram à opinião pública como ferrenhos defensores da "liberdade". Foram diversos os momentos em que a nossa frágil e restrita democracia esteve ameaçada: basta lembrar o suicídio de Vargas, os levantes de Aragarças e Jacareacanga e o golpe branco para tentar impedir a posse de João Goulart.

Em 1964, o ciclo de nossa história aberto pela Revolução de 1930 sofreu uma reversão. Goulart foi o último representante do varguismo. Sua atuação como ministro do trabalho – ao aumentar o salário mínimo em 100% – teve como resposta, em 1954, o Manifesto dos Coronéis (muitos deles, não por acaso, iriam estar, dez anos depois, à frente do golpe).

---

[8] Retomo aqui considerações feitas no artigo: FREDERICO, Celso. "40 anos depois." In: REIS, Daniel Aarão; RIDENTI, Marcelo; MOTTA, Rodrigo Patto Sá (Orgs.). *O golpe e a ditadura militar: 40 anos depois*. Bauru: Edusc, 2004.

Mas afinal: contra o que os golpistas lutaram no período que se estende de 1930 a 1964?

Há uma interpretação corrente que identifica o varguismo como uma variante do fascismo e, para isso, apontam-se sempre as semelhanças evidentes da *Carta del Lavoro* de Mussolini com a nossa legislação trabalhista. Coube ao crítico literário Alfredo Bosi desmontar essa interpretação mecânica ao estudar as raízes teóricas positivistas que orientaram a ação de Vargas e de seus aliados[9]. O positivismo, como se sabe, concebe a sociedade humana como um *organismo*, um conjunto de partes interligadas que tendem ao equilíbrio. A integração social, em grande parte, é alcançada pelo Estado – a *cabeça da nação* que coordena o desenvolvimento social.

A Revolução de 1930, concebida dentro desse espírito, contrariou abertamente o pensamento liberal que até então comandara a vida política brasileira. A ação coordenada, o projeto nacional então concebido, moldou a sociedade brasileira de acordo com a filosofia positivista. O fortalecimento do Estado, a centralização administrativa, a criação de indústrias estatais, o planejamento econômico e, principalmente, a legislação social eram vetores claros do projeto positivista e, naturalmente, produziram a ira dos liberais.

Estes nunca perdoaram a "intromissão" do Estado nas relações de trabalho. O liberalismo pressupunha a igualdade das partes contratantes (o operário e o burguês). A questão social, restrita à esfera privada, ao Código Civil, revelou-se um "caso de polícia": as greves, entendidas como "baderna", eram reprimidas diretamente. Após a Revolução de 1930, o Estado passou a intervir nos contratos de trabalho, na fixação do salário mínimo, na fiscalização das fábricas, criou a Justiça do Trabalho (com representação operária), legalizou o direito de greve etc. Assim, o Estado reconheceu que as partes contratantes não eram iguais como apregoava o formalismo jurídico liberal. Consagrou-se, desse modo, a publicização do direito que transformou a questão social numa "questão política".

---

9 BOSI, Alfredo. "A arqueologia do Estado-providência". In: ______. *Dialética da colonização*. São Paulo: Companhia das Letras, 1994; ______. "O positivismo no Brasil: uma ideologia de longa duração". In: PERRONE-MOISÉS, Leila (Org.). *Do positivismo à desconstrução: ideias francesas na América*. São Paulo: Edusp, 2004; e ______. "Formações ideológicas na cultura brasileira". *Estudos Avançados*, v. 9, n. 25, 1995.

A concepção organicista do positivismo pregava a subordinação das partes ao todo. Daí o empenho em colocar obstáculos ao "egoísmo" burguês com a criação de uma rede de proteção social para os "humildes". Mas daí também nasceu o sindicalismo oficial: pela primeira vez, a classe operária passou a ter uma organização de massas em todo o território nacional – restrita, entretanto, ao meio urbano (a exclusão do campo ajuda a explicar o surgimento das Ligas Camponesas, no pré-1964, e do MST, nos anos 1980). A criação do sindicalismo, entendido como "órgão de colaboração com o Estado", teve efeitos ambivalentes: nas épocas democráticas, essa relação estreita com o Estado serviu tanto como instrumento de pressão política para obter reivindicações (por exemplo: o 13° salário) quanto para a criação de uma casta de parasitas (os pelegos) que viviam do dinheiro compulsório do imposto sindical; durante a ditadura militar, o atrelamento ao Ministério do Trabalho significou rígido controle do movimento operário[10].

A presença ativa do Estado na vida econômica e social foi um resultado da falência da desregulamentação implementada pelo liberalismo. Na Europa, segundo a conhecida análise de Habermas, o processo iniciado como resposta à crise de 1929 consolidou-se após a Segunda Guerra Mundial[11]. A criação do *Welfare State* acarretou uma "socialização do Estado", que se fez presente na sociedade civil ao interferir no contrato de trabalho e ao fazer parte do próprio contrato, com a criação das empresas estatais. Reconhecendo que as partes contratantes não são iguais, o intervencionismo estatal desmascara a *aparência* do sistema (a igualdade de todos na esfera da circulação), mas não sua *essência* (as contradições presentes na esfera da produção). O complemento da "socialização do Estado" foi a "estatização do social", a regulamentação estatal das relações entre as classes.

A política de Vargas insere-se nesse movimento mundial que fez convergir em favor da intervenção estatal as ideologias mais díspares: "O susto de 1929 apelara decisivamente para o papel dos governos como retificadores das desordens do mercado. *New Deal, Keynes, Labour Party, Front Populaire.*

---

10 Sobre esse tema escrevi o ensaio "Movimento operário e corporativismo". In: ______. *Crise do socialismo e movimento operário*. São Paulo: Cortez, 1994.

11 HABERMAS, Jürgen. *Mudança estrutural na esfera pública*. Rio de Janeiro: Tempo Brasileiro, 1984.

Planos quinquenais na União Soviética. *Fascio* na Itália. Corporativismo estatizante em Portugal e na Espanha"[12].

Mas há que se ressaltar a *particularidade* brasileira: enquanto na Europa estudada por Habermas o processo se consolida no pós-guerra em países que já viviam a fase monopolista do capitalismo, no Brasil, além do caráter pioneiro da ação estatal, esta, na ausência de uma sólida acumulação privada de capitais, antecipou-se para criar as bases do capitalismo industrial. A particularidade do "caso" brasileiro explica as formas do relacionamento que balizariam as relações entre o Estado e uma frágil classe operária, bem como a truculência persistente nas relações de trabalho num país com uma longa tradição escravista.

O projeto implantado após 1930 ficou conhecido como "modelo nacional-desenvolvimentista". O crescimento econômico, fato sempre esquecido pelos inimigos de direita e de esquerda do trabalhismo, foi espantoso: segundo dados internacionais, o Brasil foi o país capitalista que mais cresceu no século XX. No pré-1964, contudo, a crise desse modelo, cujo sintoma era a espiral inflacionária, trouxe um acirramento das contradições sociais. Paul Singer, num de seus textos dos anos 1970 escreveu:

> [...] tornava-se cada vez mais difícil ao governo iniciar uma política que tencionasse seriamente conter a inflação, embora todos os grupos sociais desejassem o seu fim, *desde que* não fosse às suas custas [...]. Os industriais clamavam por mais crédito, os agricultores exigiam preços mínimos maiores e enfrentavam o tabelamento dos gêneros com boicotes, os assalariados reivindicavam aumento de salários a intervalos cada vez menores, chegando no limite a escala móvel de salários, os assalariados agrícolas pediam o salário mínimo e as donas de casa, o congelamento dos preços.[13]

A explosão das contradições sociais produziu o que Jacob Gorender considerou o "maior movimento de massas da história nacional"[14].

---

[12] BOSI, Alfredo, op. cit., 1995, p. 292.

[13] SINGER, Paul. *O "milagre brasileiro": causas e consequências*. São Paulo: Ceprab, 1972, p. 53.

[14] GORENDER, Jacob. *Combate nas trevas*. São Paulo: Ática, 1987, p. 250.

As lições de 1964

O conjunto das forças sociais que apoiava Goulart foi derrotado sem esboçar nenhuma reação significativa. Perante essa derrota acachapante, a esquerda embrenhou-se numa disputa teórica sobre os erros políticos cometidos no pré-1964. A discussão sobre o *significado* do golpe gerou duas interpretações opostas que passaram, doravante, a orientar a oposição ao regime militar. A interpretação da história passou, assim, a ter consequências práticas imediatas. Uma vez mais, a urgência do presente obrigou os homens a revisitarem o passado e atribuírem-lhe um sentido ditado pelas premências do presente e o desejo de nele encontrar pistas para um futuro a ser construído.

De um lado, alinharam-se aqueles que lamentavam o fracasso da *política de alianças* praticada no pré-1964, atribuindo tal fracasso a uma radicalização política que não avaliou corretamente a correlação de forças. O acirramento dos conflitos sociais (greves gerais, invasões de terra, revolta dos sargentos etc.) fez com que setores da classe média retirassem o seu apoio ao governo, promovendo as "Marchas da Família com Deus pela Liberdade". Isolado e enfraquecido, o governo caiu sem oferecer resistência. A conclusão tirada acenava para uma nova política de alianças para isolar e *derrotar* a ditadura. Inicialmente, tentou-se articular uma "frente ampla" com todos os políticos marginalizados pelo golpe; depois, incentivou-se a participação no MDB.

De outro lado, agrupou-se uma corrente composta por diversos segmentos que, pelas razões estratégicas mais diferentes, confluíram na crítica à *política de alianças*, considerada por eles como um equívoco, uma mistificação que serviu para desvirtuar a consciência de classe do proletariado ao colocá-lo a reboque de uma burguesia nacional já integrada ao capitalismo internacional e, portanto, desinteressada não só no projeto nacional-desenvolvimentista como, também, contrária às reformas de base. Para essa corrente, não se tratava de refazer a política de alianças (o "populismo") para "derrotar" o regime militar e, sim, desenvolver uma estratégia revolucionária para *derrubar* a ditadura. Por isso, os militantes de diversas agremiações de esquerda pregavam o voto nulo nas eleições, entendidas como uma "farsa" montada para legitimar o regime de força.

Essa última corrente acabou obtendo a hegemonia. A política de "tensão máxima" (passeatas e guerrilha urbana) teve o seu desfecho no Ato Institucional número 5 e na subsequente repressão[15].

A oposição ao regime, contudo, iria se recompor lentamente a partir de 1973. A crise do "milagre brasileiro" e o ressurgimento do movimento operário assinalam uma nova conjuntura. De novo, as disputas sobre o significado do golpe fizeram-se presentes para dividir as forças oposicionistas.

Os partidários da política de alianças procuravam enfatizar a *questão democrática* para isolar politicamente a ditadura. Consequentemente, apoiavam a oposição legal ao regime (MDB/PMDB) e a luta, a partir de 1976, pela convocação de uma Assembleia Nacional Constituinte. No que diz respeito ao movimento operário, defendiam a reativação dos sindicatos e a inclusão do proletariado como parte integrante da frente antiditatorial. Esse foi o espírito que animou a Unidade Sindical, o movimento que procurou agregar o conjunto das organizações classistas, independentes de suas opções ideológicas.

Os críticos da política de alianças, contrariamente, passaram a defender a *autonomia* do movimento operário. Pretendiam, desse modo, manter o movimento operário distante do discurso democrático que estaria sendo hegemonizado pelos setores liberais. Coerentemente, em nome da autonomia operária, recusaram-se a participar da oposição legal e chamavam a Constituinte de "Prostituinte", considerando-a uma reivindicação burguesa alheia aos interesses classistas. A representação de tais interesses, por sua vez, deveria ser construída pela base, através da criação de "comissões de fábrica" autônomas e não pela participação nos "sindicatos de Estado" – a "herança fascista" da Era Vargas. Esse movimento confluiu para a Conclat, embrião da Central Única dos Trabalhadores.

Um fato novo surgiu no período, com importantes desdobramentos para o futuro político: a eclosão das grandes greves operárias do ABC e a afirmação da liderança de Lula. O entusiasmo pelas greves aproximou os partidários da política classista do grupo liderado por Lula. Convém, entretanto, assinalar as diferenças que naquele momento de entusiasmo permaneciam esmaecidas, mas que logo mais se acentuariam.

---

[15] A documentação produzida pelos grupos de esquerda foram reproduzidas e comentadas em FREDERICO, Celso. *A esquerda e o movimento operário*. São Paulo: Novos Rumos, 1987. v. 1.

Os setores que defendiam a política classista eram heterogêneos, abarcando desde os segmentos ligados à Igreja Católica aos diversos grupos políticos de orientação marxista que resistiram e sobreviveram à repressão da ditadura. Organizando as "oposições sindicais" a partir das comissões de fábrica, permaneciam fiéis a uma orientação basista de democracia operária como caminho para se construir o socialismo.

Já os setores agrupados em torno de Lula nasceram no interior da "odiosa" estrutura sindical e não haviam participado da resistência ao regime militar. Neófitos em política, rejeitavam o passado de lutas da esquerda e eram críticos radicais da estrutura sindical "fascista" de Vargas. Orientavam-se para uma concepção vaga de socialismo, sem nunca definir exatamente o que entendiam por essa palavra.

A união das diversas "oposições sindicais" com o grupo de São Bernardo e outros sindicatos ditos "combativos", passou a ser conhecida como "novo sindicalismo" (o embrião da futura Central Única dos Trabalhadores). A expressão "novo sindicalismo", evidentemente, não era gratuita: significava uma veemente recusa do "velho" sindicalismo praticado no pré-1964 e defendido, durante o regime militar, pelos partidários da política de alianças (em especial, o PCB). Para se livrar dos equívocos do passado, o "novo sindicalismo" reivindicava o fim do atrelamento do sindicato ao Estado; combatia o monopólio da representação outorgado pelo Estado, isto é, a unicidade sindical, a admissão de um único sindicato por categoria e base territorial (defendendo, em seu lugar, o pluralismo sindical); criticava o poder normativo da Justiça do Trabalho (a ser substituído pela livre negociação); pleiteava o fim do imposto sindical (almejando com essa medida pôr fim aos "sindicatos de carimbo" e ao peleguismo etc.). Lula, numa fala infeliz, chegou a afirmar que "a CLT é o Ato 5 da classe operária", igualando, assim, a rede de proteção social criada por Vargas com o ato de força da ditadura militar. A palavra de ordem "de costas para o Estado e de frente para a sociedade civil" resume bem a orientação seguida pelo "novo sindicalismo" no período – uma orientação antiestatal de perigosas semelhanças com o liberalismo.

Durante toda a década de 1980, a prática sindical da CUT voltou-se para o confronto, fazendo da bandeira da greve geral o divisor de águas entre o "novo sindicalismo" e o peleguismo. Tal forma de atuação, como era de se esperar, despertou enorme entusiasmo entre os agrupamentos de esquerda alojados no PT e na CUT. Não se percebia, na época, a diferenciação entre luta econômica e luta política. A exasperação das reivindicações econômico-corporativas acompanhada do palavrório obreirista era vista como se fosse a prova evidente de uma orientação política revolucionária. Esse equívoco demorou a dissipar-se. Tempos depois, os militantes marxistas, surpresos e decepcionados, passaram a criticar a "direitização" da CUT. Na verdade, a mobilização sindical brasileira dos anos 1980, período de refluxo do sindicalismo mundial, havia sido interpretada erroneamente como portadora de um sentido político anticapitalista – uma rebelião do trabalho. Tratava-se, hoje se sabe, não do começo de uma nova era de ascenso revolucionário, mas de uma mera radicalização espontaneísta da luta econômica – o último suspiro do sindicalismo da era fordista. Em seguida, a reestruturação produtiva alterou o perfil da classe operária, trazendo o desemprego tecnológico, a terceirização, a precarização, a flexibilização dos contratos, o mercado dual de trabalho etc.

Juntamente com a repercussão no Brasil dessa nova etapa da produção capitalista, uma nova realidade concorreu para enfraquecer o poder do sindicalismo praticado no ABC paulista: a guerra fiscal, que transferiu para as pequenas cidades do interior centenas de fábricas. A antiga concentração fabril em alguns poucos bairros industriais facilitava a mobilização da massa operária. As transformações tecnológicas, o desemprego estrutural acentuado nas décadas de 1980 e 1990 e a evasão das indústrias para o interior trouxeram profundas alterações na chamada "República de São Bernardo". A antiga cidadela operária conheceu um rápido processo de favelização. O reduto operário, com seu discurso sobre a "dignidade do trabalho", dissolveu-se, enfim, na miséria brasileira. Reflexo cultural dessa transformação pode ser visto na eclosão do movimento hip-hop, a partir dos anos 1980, que passou a dar prioridade às questões identitárias – não mais a classista, mas a racial.

Todos esses fatores somados ajudam a entender a acomodação da CUT aos novos tempos.

O mesmo processo ocorreu no interior do PT. Desde a fundação do partido, os seus dirigentes afirmavam, num misto de esperteza tática dissimuladora e ignorância política, que se tratava de um partido "sem ideologia". A imprecisa reivindicação de um "socialismo" a ser inventado repetiu, na militância partidária, o mesmo entusiasmo obreirista vivido no interior da CUT e a esperança numa ruptura revolucionária feita "de baixo para cima", sem passar pela mediação "suja" da política e sem se comprometer com a ampliação da democracia. Tratava-se, também aqui, de uma negação da política em nome da "pureza" dos movimentos sociais e da pretendida "autonomia dos trabalhadores". A lógica obreirista comandou os passos do partido de forma implacável: a negação da política, o desprezo diante da "questão democrática" e a recusa das alianças explicam as decisões tomadas. Entre outras: a recusa em participar do colégio eleitoral que pôs fim ao regime militar, em assinar a Constituição de 1988, em participar do governo Itamar Franco (que tornou possível a implantação do Plano Real e a consequente eleição de Fernando Henrique Cardoso).

A mesma decepção vivida pela CUT repetiu-se no PT, quando Lula, já presidente, declarou: "Nunca fui de esquerda".

O desmanche

O movimento conhecido como neoliberalismo afirmou-se mundialmente durante a crise da regulação fordista, em fins da década de 1960. As novas formas de acumulação de capital e gestão do processo industrial precisaram afastar o Estado das relações trabalhistas e quebrar a resistência do sindicalismo. Iniciava-se assim a reestruturação produtiva e o desmonte da rede de proteção social. No discurso político realizou-se o que alguém batizou de "pirataria semântica": a palavra reforma, que até então significava transformações na estrutura da sociedade, passou a ser empregada para reivindicar a "reforma" do Estado.

A concepção neoliberal, norteadora da ação antiestatal, encontrou sua formulação precisa numa frase proferida tempos atrás por Margareth Thatcher, a "Dama de ferro": "Não existe sociedade, mas apenas indivíduos". Tal concepção encontra-se também nas rígidas versões do pós-modernismo e seu culto ao indivíduo egoísta. Segundo a opinião de Lyotard, "o nós é uma categoria gramático-política". Trata-se, nos dois exemplos, de uma concepção simetricamente oposta àquela defendida outrora pelo positivismo. Enquanto este compreendia a sociedade como um organismo moral em que as partes deveriam ficar subordinadas à "cabeça" (= Estado), o neoliberalismo radicalizava o individualismo possessivo – a visão da sociedade como se fosse composta por uma multidão de indivíduos desenraizados socialmente e egoístas que almejam apenas maximizar suas vantagens no mercado. Nessa concepção empirista, o homem perde o caráter de ser social e passa a ser visto, na vida pública, como um comerciante que se relaciona diretamente com outros comerciantes e, na vida privada, como mero consumidor "reivindicante". No plano cultural, o pós-modernismo, por outros caminhos, conflui para o culto do indivíduo associal.

No Brasil, os estertores da ditadura militar e o início da Nova República retardaram o processo de "desestatização da sociedade" e "dessocialização do Estado" – outra peculiaridade de um país que conheceu, com Vargas, a ação pioneira do Estado interventor. Os ventos do neoliberalismo fizeram-se sentir, tardiamente, somente no governo Collor e, em seguida, durante os oito anos de Fernando Henrique Cardoso[16]. Este último, em seu discurso de despedida do Senado, afirmou taxativamente que o seu governo iria marcar "o fim da era Vargas" (por uma ironia, a antiga reivindicação do "novo sindicalismo" encontrou um inesperado aliado), justamente no momento em que a reestruturação produtiva, a precarização do trabalho, o desemprego crescente e a crise de representação dos partidos e associações classistas, finalmente, faziam seu ingresso no Brasil.

A privatização das empresas estatais e a reforma da previdência anunciaram o novo período histórico. Nas condições específicas de país subdesenvolvido, o Estado não se retirou da economia. Ao contrário, passou a submeter toda a vida econômica aos ditames do chamado Consenso de Washington e ao receituário do FMI.

A eleição de Lula não alterou a orientação global da política econômica. Uma nova reforma da previdência, mais radical que a anterior, deixou perplexo o funcionalismo público – aliás, um importante contingente no interior da CUT. Esta, estranhamente, nada fez em defesa dessa parcela estratégica de seus associados, pois agora vivia "um intimismo à sombra do poder".

O que se passou com o sindicalismo combativo adepto da greve geral como panaceia para resolver todos os problemas? Não é difícil entender a acomodação quando se constata que, além das mudanças no mundo do trabalho e na

---

[16] Ver a respeito os ensaios contidos em TEIXEIRA, Francisco J.; OLIVEIRA, Manfredo Araújo de (Orgs.). *Neoliberalismo e reestruturação produtiva*. 2. ed. São Paulo: Cortez; Fortaleza: Uece, 1998.

constelação política (com a desagregação da União Soviética), a burocratização sindical atingiu um ponto nunca antes visto em nossa história. Nunca tanto dinheiro circulou na máquina sindical: além do imposto sindical, novas fontes surgiram: a "contribuição confederativa", a "taxa assistencial", a "contribuição associativa", as milionárias verbas do Fundo de Amparo ao Trabalhador e todos os tipos de "convênios" (por exemplo, com os bancos para intermediar empréstimos aos sindicalizados etc.). O crescimento da máquina sindical e a presença do PT nas prefeituras, estados e, finalmente, na União gerou uma massa de funcionários profissionais oriundos dos movimentos populares e sindicais. No topo, encontram-se os altos funcionários das estatais e os gestores dos fundos públicos de previdência complementar, muitos deles antigos combatentes do movimento sindical[17]. Esse processo de burocratização, aburguesamento e corrupção deixou a militância perplexa e acéfala, ao ver suas lideranças mudarem de padrão de vida e de comportamento político. As comemorações do 1° de maio, progressivamente, perderam o seu caráter reivindicatório e de luta. Em 2004, a CUT, sediada na Casa Fasano, um dos restaurantes mais chiques e caros de São Paulo, recepcionou a nova oligarquia sindical e os convidados *vips* com um *breakfast*. Depois dessa elegante confraternização, todos se deslocaram para a Avenida Paulista, centro do capital financeiro, para assistir a um *show* patrocinado por 15 empresas – o capital e o trabalho, enfim reunidos alegremente, renderam homenagem aos mártires de Chicago...

Decepcionados com os novos tempos em que a acomodação política celebrada em megaeventos e regida pelos "métodos brutais da publicidade" (como diria Adorno), alguns antigos militantes refugiaram-se nas ONGs. Mas, assim fazendo, regrediram para uma forma de atuação molecular, "artesanal", de âmbito social restrito e passível de reforçar a mentalidade antiestatal que se fez presente, como vimos, não só nos liberais como também no núcleo duro do "novo sindicalismo".

As questões de fundo que propiciaram o golpe de 1964 ganham, hoje, uma nova atualidade. As reformas estruturais que haviam levado o país ao

---

[17] Sobre esse novo personagem que emergiu da burocracia sindical e partidária, ver o ensaio de OLIVEIRA, Francisco de. O ornitorrinco. In: ______. *Crítica à razão dualista*. São Paulo: Boitempo, 2003.

impasse que provocou o golpe ainda não se realizaram, apesar das mudanças ocorridas nesse meio século.

Os governos presididos por Lula e por Dilma combinaram uma cautelosa política de conciliação com as classes dominantes com a adoção de políticas assistencialistas que muito beneficiaram os pobres. Por vias tortas, o petismo aproximou-se da política de conciliação praticada em seu tempo por Vargas – não por acaso, Lula passou a elogiar aquele grande estadista e a comparar-se a ele... Os setores dissidentes, que romperam com o PT, convivem hoje com uma situação que, de certo modo, se assemelha aos impasses do PCB na era Vargas: como conquistar a classe trabalhadora cuja situação de vida melhora graças à política de um governo conciliador?

O ponto de tensão deslocou-se para a chamada "classe média". As pesquisas de André Singer e Márcio Pochmann mostram que a partir de 2005, ela, até então com alguma simpatia pelo lulismo, foi cooptada pela direita, tal como ocorrera no pré-1964 durante as Marchas da Família com Deus pela Liberdade. Esse deslocamento foi interpretado por aqueles autores como uma resposta à nova e surpreendente orientação do lulismo, que passou a apoiar-se no subproletariado – aquele segmento que se beneficiou das políticas públicas de inclusão social.

Os efeitos dessa guinada logo se fizeram sentir na vida cotidiana. Os antigos preconceitos, sociais e raciais, explodiram com a chegada daquelas pessoas "diferenciadas" nos templos do consumo, como evidenciaram os "rolezinhos" nos *shopping centers*. O aquecimento do mercado de trabalho ocasionou a escassez de empregadas domésticas – esse vergonhoso resquício da escravidão. As que permaneceram em seus empregos tiveram a audácia de exigir seus direitos e pleitear aumentos salariais... A reação "indignada" da classe média fez aflorar, sem maiores disfarces, o "retorno do reprimido": o preconceito contra os pobres, negros, nordestinos etc.

Nas Jornadas de Junho de 2013, o movimento contra o aumento nas tarifas de ônibus iniciado por segmentos da esquerda ganhou a adesão de novos personagens oriundos da classe média: os "coxinhas". A luta contra o aumento cedeu então lugar aos protestos difusos contra a corrupção – o velho tema que a direita utilizara para justificar o golpe de Estado contra Vargas e Goulart. Uma vez mais na história, a direita levantou contra um governo moderadamente progressista a bandeira da corrupção – corrupção que só existiria na esfera estatal.

É sempre bom lembrar que a inclusão de cerca de 40 milhões de pessoas promovidas pelo lulismo permaneceu restrita ao acesso aos bens de consumo. No pré-1964 falava-se em *conscientização* como sendo o objetivo da ação política das esquerdas. No período lulista, permanecemos num plano paternalista: não se tratam de reformas estruturais que possam contrariar os interesses da burguesia, mas de um combate à pobreza – o que não é pouca coisa, mas que não conscientiza os beneficiados. Estes garantiram importantes vitórias eleitorais, mas sem mobilização. Trata-se, portanto, de uma situação nova: uma instável *hegemonia passiva* dependente das imprevisíveis oscilações de uma volátil economia financeirizada.

A integração pelo consumo, longe de levar a uma postura crítica perante a ordem burguesa, significa adesão irrefletida. No caso dos "rolezinhos", a própria escolha do *shopping center* como local de manifestação é reveladora da sedução exercida pelo mundo mágico das mercadorias. O consumo continua em seu altar.

Nesse novo contexto, a política de conciliação segue no fio da espada, podendo ter desfechos imprevisíveis. As reformas estruturais propostas no pré-1964 não foram realizadas, permanecendo, assim, adormecidas. Os conflitos políticos são os mesmos, mas os meios de ação mudaram: depois da invasão dos *marines*, a América Latina conheceu o ciclo de golpes militares instigados pelos interesses econômicos internacionais. Hoje, durante a vigência da hegemonia do capital financeiro, as armas são mais letais, mas não deixam rastro de sangue: os chamados "ataques especulativos" promovidos pela "banca internacional" procuram desestabilizar a economia dos países emergentes e os governos com pretensões progressistas. Recentemente, o ministro argentino Jorge Capitanich denunciou o cerco que seu país vem sofrendo e o objetivo perseguido: a apropriação, por parte dos monopólios, dos recursos energéticos e naturais "a preço de liquidação"[18]. Pouco tempo depois, o ministro da defesa, Celso Amorim, falando na Escola de Guerra Naval, no Rio de Janeiro, afirmou: "Não é à toa que a Petrobrás e o nosso Ministério das Minas e Energias foram alvo de espionagem digital"[19].

---

[18] Argentina diz ser alvo de ataque especulativo. *O Estado de São Paulo*, 28 jan. 2014.

[19] Espionagem mira recursos naturais, diz Celso Amorim. *O Estado de São Paulo*, 24 fev. 2014.

A economia brasileira vive uma situação mais favorável, mas nem por isso o fantasma da inflação deixou de ser, como no pré-1964, um ponto a partir do qual se expressam as contradições sociais e os diferentes projetos para o país.

Para debelar a inflação, há um clássico remédio: o "choque de capitalismo" e a "gestão moderna" – termos novos para designar o antigo "remédio amargo" que o Fundo Monetário Internacional prescrevia para as economias subdesenvolvidas nos anos 1960. Todas essas expressões dirigem-se diretamente contra as "políticas populistas" que permitem aumentos salariais acima da inflação e contra a "gastança governamental", isto é, as políticas públicas que visam à diminuição da pobreza. Para completar, a mais cruel das propostas que os economistas da oposição não têm vergonha de declarar publicamente: o aumento da taxa de desemprego para 7,5%, pois, no entendimento deles, o pleno emprego pressiona a inflação e fortalece os sindicatos. Clara confissão de que o modelo econômico sonhado não é para todos.

Para complicar as coisas, o Brasil, ao contrário da Venezuela e da Argentina, não ousou estabelecer o controle social da mídia. Esta, diariamente, faz uma campanha sistemática contra o governo e as ideias progressistas. Age, em uníssono, como um verdadeiro partido político. Octavio Ianni cunhou a feliz expressão "Príncipe eletrônico" para se referir a essa contrafação do partido sonhado por Gramsci.

Para concluir, podemos dizer que o longo ciclo histórico aberto pela Revolução de 1930 e que teve o seu momento dramático em 1964 ainda não se encerrou. Há projetos alternativos para o país que oscilam entre o paternalismo assistencialista, de um lado, e a exclusão social e submissão ao capital internacional, de outro. Velho e persistente dilema.

Continuamos num "presente empírico": as feridas de 1964 estão abertas e ainda podem – quem sabe? – orientar um projeto alternativo para tirar o país desse presente-mais-que-imperfeito que parece não ter fim.

REFERÊNCIAS BIBLIOGRÁFICAS

ARRIGUCCI JR., Davi. "Gabeira em dois tempos". In: ______. *Enigma e comentário*. São Paulo: Companhia das Letras, 1987.

BENJAMIN, Walter. *Obras escolhidas*. São Paulo: Brasiliense, 1986. v. 1.

BOSI, Alfredo. "A arqueologia do Estado-providência". In: ______. *Dialética da colonização*. São Paulo: Companhia das Letras, 1994.

______. "O positivismo no Brasil: uma ideologia de longa duração". In: PERRONE-MOISÉS, Leila (Org.). *Do positivismo à desconstrução: ideias francesas na América*. São Paulo: Edusp, 2004.

______. Formações ideológicas na cultura brasileira. *Estudos Avançados*, v. 9, n. 25, 1995.

FREDERICO, Celso. *A esquerda e o movimento operário*. São Paulo: Novos Rumos, 1987. v. 1.

______. "40 anos depois." In: REIS, Daniel Aarão; RIDENTI, Marcelo; MOTTA, Rodrigo Patto Sá (Orgs.). *O golpe e a ditadura militar: 40 anos depois*. Bauru: Edusc, 2004.

______. Movimento operário e corporativismo. In: ______. *Crise do socialismo e movimento operário*. São Paulo: Cortez, 1994.

GABEIRA, Fernando. *O que é isso, companheiro?* Rio de Janeiro: Codecri, 1979.

GASPARI, Elio. *A ditadura envergonhada*. São Paulo: Companhia das Letras, 2003.

GENRO FILHO, Adelmo. *O segredo da pirâmide: para uma teoria marxista do jornalismo*. Porto Alegre: Tchê!, 1987.

GORENDER, Jacob. *Combate nas trevas*. São Paulo: Ática, 1987.

HABERMAS, Jürgen. *Mudança estrutural na esfera pública*. Rio de Janeiro: Tempo Brasileiro, 1984.

HOBSBAWN, Eric. *Sobre história*. São Paulo: Companhia das Letras, 1998.

SINGER, Paul. *O "milagre brasileiro": causas e consequências*. São Paulo: Ceprab, 1972.

TEIXEIRA, Francisco J.; OLIVEIRA, Manfredo Araújo de (Orgs.). *Neoliberalismo e reestruturação produtiva*. 2. ed. São Paulo: Cortez; Fortaleza: Uece, 1998.

1964: a nacionalidade ferida

RONALDO LIMA LINS

Os homens pedem carne. Fogo. Sapatos.
As leis não bastam.
Os lírios não nascem da lei.
Meu nome é tumulto, e escreve-se na pedra.

[Carlos Drummond de Andrade[1]]

Um país que não se dobra sobre as suas angústias não tenta resolvê-las. Esse tem se mostrado, de certa maneira e por diversas vezes, o caso da História no Brasil. Por temor ou por terror, viramos a atenção para o outro lado. A Lei de Anistia, imaginada para evitar punições, cumpriu semelhante papel. Ainda ignoramos, na sua amplitude, o número de vítimas, a extensão dos requintes da tortura, o volume de sangue derramado, os nomes dos participantes, o cenário e até onde ousaram os movimentos e a autonomia dos órgãos de repressão.

O ano de 1964 partiu nossas preocupações em duas: uma que aceitava e queria enfrentá-las e corrigi-las, e outra que não aceitava o argumento das anomalias construídas no decorrer da nossa herança colonial e escravista, crendo que se tratava de uma falsa questão. Aquela tragédia pegou-nos de modo abrupto quando mais fortemente se manifestavam as nossas capacidades de pensar e criar. Talvez por causa do período Vargas de 1930 a 1945, apesar das transformações em relação à República Velha, um conjunto de aspirações ansiava por emergir e forçava caminho para declarar sua importância. Entre os dois momentos de exceção, produziu-se uma literatura de nível, encimada por Graciliano Ramos e integrada por José Lins do Rego,

---

1 ANDRADE, Carlos Drummond de. "Nosso tempo". In: ______. *Poesia e prosa*. Rio de Janeiro: Nova Aguilar, 1988, p. 102.

Jorge Amado, Clarice Lispector, Guimarães Rosa, para mencionar apenas alguns. Por intermédio deles, realizava-se um relato dos problemas de um país que não se conhecia e que há tempos, pelo menos desde a Semana de Arte Moderna de São Paulo, em 1922, se debruçava sobre os costumes, a língua, os sistemas sociais, as dificuldades econômicas e a ausência de conhecimentos de todos em relação a todos. A interioridade e a exterioridade típicas do Brasil e suas características, o nosso modo de ser, tinham que ser pesquisados. A vontade de conhecer predominava, além do desejo, como dizia Octavio Paz, de sermos contemporâneos de todos os homens. O atraso em relação ao resto do mundo sobressaía nas atitudes. No entanto, a efervescência que nos dominou ultrapassava essa dimensão e deve ser incluída na hora de escrevermos a história do que fomos, do que somos e do que almejamos ser.

Não se tem com clareza a noção dos elos que contribuem, num povo, para uma explosão de criatividade. Os fenômenos se revelam às vezes de tal ordem e multiplicidade que perdemos a possibilidade de localizar o ponto da virada. De repente, como se viesse do nada, surge uma geração diferente. Pode ser a angústia ela própria a responsável pelo prodígio ou um cansaço diante da espera interminável por um futuro que, como dizem os franceses, dura muito tempo. De qualquer forma, nós nos manifestamos sem dúvida, de 1945 a 1964, naquele período de intervalo, com reflexos e energia bastantes para se prolongarem pelos anos 1960 pelo menos até o AI-5 (por ocasião do golpe dentro do golpe), numa efervescência que depois não se repetiu. O otimismo do governo juscelinista, com a construção de Brasília e a implantação da indústria automobilística[2], transmitia em parte a confiança para conferir continuidade aos projetos, apesar da areia movediça que se nos depositava sob os pés. Seria interessante investigar o que provocava o espírito da ousadia. Talvez ele já estivesse embutido na vontade de mudança e Brasília, sem pensar nas consequências, acompanhou o impulso, enquanto na música, na literatura, no teatro, no cinema, algo como uma alma nacional se remexia, carregada de inquietações, e improvisava estilos, métodos, linguagens.

---

[2] Hoje pagamos um preço pela sedução da ideia de um carro para cada habitante (o lema implícito na propaganda oficial), com as vias urbanas apinhadas e poluídas, sem alternativas ferroviárias de locomoção que dessem conforto e agilidade ao trânsito. É como se despertássemos tarde para o absurdo de seguir às cegas o modelo norte-americano.

Não duvidamos hoje que uma importante parcela da população se acomodava com a situação e suas anomalias. Mesmo assim, a gravidade de certos problemas gritava (e pelas palavras de ordem da esquerda) a conveniência de enfrentar os desafios. Antecedentes históricos no resto do planeta (a Revolução Francesa, a Mexicana, a Russa, a Chinesa) ofereciam exemplos, sobretudo no campo, onde a imensidão do território e sua péssima distribuição não condiziam com o crescimento populacional sedento por empregos. Falava-se em reformas, porque no interior e nas capitais a miséria se acumulava. A literatura, com Graciliano Ramos, José Lins do Rego e Jorge Amado, realizou semelhante balanço. Fabiano, em *Vidas secas*, e depois no filme de Nelson Pereira dos Santos, salta aos olhos, com a sua família, diante do volume do abandono em que se encontrava, carente de tudo e do que comer. Amaro, de *Fogo morto*, representa algo parecido. Ambos os autores consagraram o drama social, além de um painel imenso, num retrato das tragédias que somos capazes de traduzir em nossa passagem pelo mundo.

No dia 13 de março de 1964, no comício na Central do Brasil, João Goulart, levado pela emoção diante da massa de gente que se concentrava à sua frente, assinou, por decreto, um passo em direção às reformas: a agrária, a urbana, a da saúde pública – e o fim da sua trajetória à testa do governo. O que se pretendia com o golpe era colocar um paradeiro na inquietação popular, senão pela persuasão, por campanhas através da imprensa e dos debates políticos, pela força das armas. E assim aconteceu. Não de imediato, pois o calor do clamor público deixou ainda, por algum tempo, os militares inseguros, daí a existência de um golpe dentro do golpe, depois de 1968, com o Ato Institucional número 5. O endurecimento ofuscou até certo ponto as violências que ocorreram antes. Somente com o levantamento histórico do passado será possível registrar o que realmente houve. De qualquer forma, a prisão e a tortura bárbara de Silvia de Montarroyos (aliás, dela e dos companheiros de seu grupo, todos extremamente jovens), já em 1964, atestam a determinação das autoridades em mostrar suas intenções.

É interessante salientar a forte presença da juventude na oposição ao regime de força. Aqueles que entravam na idade adulta necessitavam de um país mais justo e melhor organizado contra as oligarquias que, de um modo ou de outro, tiravam proveito econômico do quadro e não pretendiam alterá-lo. Há, por sinal, um surto de mocidade nos vários campos de expressão, sobretudo na música (a bossa nova constituiu, sobretudo, uma corrente jovem de renovação), mas igualmente no teatro, com as experimentações de José Celso Martinez Correia e Antunes Filho, por meio de montagens inesquecíveis. Clássicos da dramaturgia que ninguém ousara enfrentar chegavam à cena por meio deles. Jorge Andrade e Plínio Marcos (para não mencionar Nelson Rodrigues) injetavam criatividade por meio de textos desconcertantes e carregados de talento. No cinema, não foi diferente. Aliás, os designativos "bossa *nova*" e "cinema *novo*" indicam a esfera de idade da maioria de seus participantes. Pouco importava a precariedade das condições técnicas. Bastava uma ideia. Esse surto não agia apenas para se distrair. Somava-se à vontade de mudar, cerceada abruptamente pela ordem dos quartéis, com apoio na política norte-americana na América Latina e por seu embaixador no Brasil. Um dos ministros empossados, num exercício que não era apenas de retórica, havia declarado: "O que é bom para os Estados Unidos, é bom para o Brasil!"[3] Afirmava-se assim, sem disfarces, uma doutrina de legitimação ideológica.

Apesar das pressões, não pareceu exequível, num primeiro momento, entre 1964 e 1968, fazer calar a expressão das ruas. Um impulso não cede por mera decisão de governo. Os jovens que continuavam jovens – e se mostravam desprendidos, pela natureza de seu pensamento e de sua idade – encontravam ainda espaços de liberdade nos quais manifestar suas inquietações e, em particular, uma visão de mundo em contracorrente às tendências dominantes. Joias da criatividade artística, como as montagens de *Pequenos burgueses*, de Gorki, e de *Galileu Galilei*, de Brecht, antes de *Rei da vela*[4], de Oswald de Andrade, por José Celso Martinez Correia, vinham se somar a

---

3 Trata-se de Juracy Magalhães, um ex-participante do chamado movimento tenentista, cuja carreira chegou à posição de general. Era embaixador do Brasil em Washington, no governo de Castelo Branco, quando pronunciou a famosa (e lamentável) frase. Com prestígio entre os militares, mais tarde exerceu os cargos de ministro da Justiça e ministro das Relações Exteriores.

4 *Rei da vela* é um caso representativo da vontade de desbravar e recuperar fontes esquecidas ou abandonadas por nossa história cultural, tudo caminhando no mesmo impulso de mudar. A peça de Oswald de Andrade nunca tinha chegado aos palcos e havia críticos, como Sábato Magaldi, no seu livro *Panorama do teatro brasileiro*, que a consideravam impossível de ser montada. O espetáculo do grupo Oficina demonstrou o equívoco da posição e revelou ao público a obra-prima que tínhamos nas mãos.

realizações bem sucedidas de Glauber Rocha, como *Deus e o Diabo na Terra do Sol*[5] e *Terra em transe*[6].

A força de tais novidades sugeria uma energia quase impossível de conter. O endurecimento do processo conseguiu a proeza. Tornou-se impossível continuar no país para quem, ainda que não pegasse em armas, tornando-se guerrilheiro, aspirasse a um lugar ao sol no plano das artes, em sintonia com a oposição. Cumpria dispor de um espírito forte para prosseguir na tarefa da pesquisa intelectual e resistir a pressões para não falar e não expor, quando tais características normais da natureza humana ocupavam agora o lugar da irreverência ou do ataque, com as consequências conhecidas. No cinema e no teatro, mas também na literatura, transpor as barreiras tácitas implicava, na melhor das hipóteses, risco financeiro, pelas interdições ou apreensões de exemplares publicados. Tratava-se, então, de dizer sem dizer, de transitar pelas entrelinhas, de utilizar a ironia e ainda assim poder contar com a intervenção da polícia política na porta de entrada das livrarias ou casas de espetáculos. Prisão, não obstante não houvesse no caso de atuação partidária, constituía uma realidade. Convinha não abusar, colocar o rabo entre as pernas e fingir, falando de outras coisas, que se apresentava um bom comportamento ou resvalara nos temas por ingenuidade.

A amargura surgiu como um resultado, fruto da frustração e da impossibilidade de seguir com o exercício da arte, como se nada estivesse acontecendo. Em algumas situações, como nas peças de Plínio Marcos, a exposição do submundo soava como uma crítica ao Estado, que estimularia a miséria e o banditismo porque não se ocupava das estruturas sociais que os sustentavam. Um caso desse tipo foi o romance *Feliz ano novo*. Lançado em 1975, deu a impressão de uma denúncia. A censura o proibiu e era vendido por trás do balcão aos interessados. Versava em torno de situações da reportagem policial e exibia cenas de crueldade e violência. Chamou grande atenção. Relido hoje,

---

5 Produção de 1964, contava com Geraldo Del Rey, Ioná Magalhães, Maurício do Valle e Othon Bastos entre os seus astros principais. Estreou já em plena ditadura.

6 Tinha um grande elenco, com Jardel Filho, Glauce Rocha, José Lewgoy, Paulo Autran, Paulo Gracindo, Francisco Milane, Hugo Carvana, Jofre Soares, Danusa Leão, Paulo César Pereio, entre outros. O filme foi produzido em 1967 e, como *Deus e o Diabo na Terra do Sol*, causou impacto, entendido como obra de contestação.

compreende-se mal a reação das autoridades e a interpretação da narrativa como de contestação. Era um exemplo de uma prosa que com certeza não pretendia dizer mais do que dizia, prestigiada, por mal-entendido, além de seus propósitos. A obra posterior de Rubem Fonseca ajudou a esclarecer em que consistia realmente a sua visão de mundo.

Seja como for, a limpeza por motivos ideológicos na estrutura do serviço público, em especial nas Forças Armadas, objetivando um pensamento único e hegemônico, pouco a pouco, conseguiu emudecer as vozes discordantes que até então se erguiam. Um silêncio sombrio e aterrador traduzido pelo slogan "Brasil, ame-o ou deixe-o" tomou conta da cena nacional, no governo Médici, com apoio da mídia, quase sem manifestações contrastantes, aproveitando-se de sucessos no futebol. Do ponto de vista alegórico, há silêncios que sugerem a morte. E assim se fez. Quem não se calava, porque não contrariaria a natureza da sua vocação crítica, ia embora, saía do país. Houve aqueles que ficaram e prosseguiram, mesmo assim, na linha de suas pesquisas em alto nível, como Antunes Filho. Ele se consagrou, cada vez mais, como *o* diretor notável que positivamente é. Na maioria das vezes, no entanto, o castigo do silêncio atingiu os focos da criatividade e obrigou a uma reviravolta nos temas de preocupação. A miséria gritava, como sempre, não obstante o país desenvolvesse sua economia e a produção industrial e agrícola crescessem em volumes consideráveis. Aquilo, de fato, caminhava em linha paralela (como antes, desde o Brasil colônia): o aumento da riqueza e o aumento da pobreza e as sequelas do banditismo. No período Médici, quando perguntavam a Delfim Neto, então comandante da economia, o que fazer com os baixos salários, ele recomendava: "Joguem na bolsa!" A fórmula funcionou na cabeça de pessoas. Muitas se arriscaram e perderam tudo, no refluxo da baixa. O sucesso alardeado não passava de uma onda especulativa dentro dos parâmetros da conjuntura internacional.

Nos anos 1970, ainda em fase muito autoritária até a metade da década, a guinada ideológica, se não impediu a criatividade literária, transformou a cena narrativa. Começaram a sair livros com o balanço da violência repressiva, como *Em câmara lenta*[7], de Renato Tapajós, e *Quatro olhos*[8], de Renato

[7] TAPAJÓS, Renato. *Em câmara lenta*. São Paulo: Alfa-Omega, 1977.

[8] POMPEU, Renato. *Quatro olhos*. São Paulo: Alfa-Omega, 1976.

Pompeu. Outros se voltavam para direções intimistas, sem perder a obsessão com o país, como Ewelson Soares Pinto, em *Crônica do valente Parintins*[9], e *Pavão desiludido*[10], uma experiência romanesca do cronista José Carlos Oliveira. Estes representam dois títulos expressivos, não obstante esquecidos no meio de um importante arroubo de produções marcadas pelo cunho comercial, que terminou por dominar as linhas do jornalismo literário e das pautas das casas de edição. Vale a pena mencioná-los para consignar o fato de que, mal ou bem, a angústia da criatividade artística não se deixou sufocar completamente. Na verdade, a ênfase no aspecto comercial, do que vende muito, se mostrou mais eficaz do que a censura no modo de manietar e fazer calar a profundidade das inquietações. É uma anomalia de âmbito global, dirão os analistas. Sem dúvida. A sociedade de massas tem um gosto pela alienação, por fazer de conta que tudo vai bem e que não precisa se preocupar como as outras com o passado. No caso brasileiro, há um ingrediente a mais: o desdobramento de um projeto iniciado antes, quando a repressão se esforçou em eliminar a crítica independente. O valor comercial, marcado pelo desejo de divertir ou de ocupar a mente com situações rasas, constitui um fenômeno da organização voltada para o consumo. Verifica-se no cinema, no teatro, na literatura, como acontece de maneira semelhante nas demais manifestações, traduzidas pelo supérfluo, a compra de um aparelho de celular a cada seis meses, uma televisão de último modelo, uma geladeira de desenho mais bonito etc. Aparentemente, não se verifica uma ligação entre uma coisa e outra, a ditadura, por um lado, e a opção econômica, por outro. Mas a coincidência veio se ajustar ao projeto imposto. Desviar a atenção implica o adiamento na busca por soluções sociais que trouxessem condições de vida melhores e mais justas. Contudo, como sabem as populações afeitas a oscilações sismográficas, dormir sobre um vulcão comporta o risco de convulsões inesperadas e desastres terríveis, nem sempre detectados pelos aparelhos.

É preciso entender que a História possui um tempo específico, mais lento do que gostaríamos. A experiência humana mantém-se em processo de fermentação até emergir e se mostrar na sua plenitude. A Revolução Francesa

---

[9] PINTO, Ewelson Soares. *Crônica do valente Parintins*. São Paulo: Duas Cidades, 1976.

[10] OLIVEIRA, José Carlos. *Pavão desiludido*. Rio de Janeiro: Editora Bloch, 1972.

aguardou a competência de Jules Michelet para se descortinar, na dimensão de sua grandeza, diante do mundo. E o século XIX teve de se deixar sacudir, de crise em crise, para que uma verdadeira avaliação se realizasse por via de intérpretes competentes, antes que soubéssemos o que realmente ocorreu. No caso do golpe de 1964, talvez o depoimento mais contundente seja o livro de Sylvia de Montarroyos, *Réquiem por Tatiana, memórias de um tempo de guerra e de uma descida aos infernos* (Recife, 2013), agora lançado em convênio entre a Comissão da Verdade e a Companhia Editora de Pernambuco.

Ali se lê o pior da experiência: o retrato da humanidade ferida. Como nos campos de concentração nazista, a crueldade se faz independente de diferenças políticas e partidárias. Visa ao âmago da alma, humilhá-la, provar que nada possui para se orgulhar. A primeira mulher sujeita aos métodos de intimidação da ditadura no Brasil venceu. A tal ponto se recusou a abrir a boca que enlouqueceu, ficou com os maxilares presos, incapaz de se alimentar. Transferiram-na para um manicômio. A insanidade mental do regime repetiu algumas vezes o exercício: transferiu para o outro, a vítima, a sua demência.

Os trabalhos da Comissão da Verdade talvez tragam à tona novos relatos que nos permitam uma avaliação mais precisa do que se passou. Em determinado instante, a população se cansou. Mesmo camufladas e surdas, as barbaridades chegavam aos ouvidos, como na Alemanha de Hitler. A classe média, que de início comemorou nas ruas o fim do governo de João Goulart, começou a ansiar por liberdade. No afã de reprimir, o regime punia eventualmente pessoas apolíticas, presas por equívoco e que também traziam seus testemunhos. O esgotamento se mostrava pronto para se evidenciar com o filme *Pra frente Brasil*[11], de Roberto Farias, aplaudido de pé no Festival de Gramado, em 1982, quando ganhou o prêmio principal e se transformou num sucesso inquestionável de público em toda parte.

As histórias da repressão policial, as medidas de exceção, estavam com os dias contados. Até nos quartéis, a impaciência das ruas alterava qualquer coisa na mentalidade. O pensamento hegemônico rachava. E, apesar do fracasso das Diretas Já, a campanha pela livre votação para todos os níveis do

[11] Estrelado por Reginaldo Farias, o filme tem Antônio Fagundes, Natália do Valle e Elizabeth Savala no seu elenco. Foi, sem dúvida, uma das primeiras obras cinematográficas a relatar a repressão da ditadura sem tergiversar, de modo aberto.

sistema, de presidente a senador, deputado, prefeitos e vereadores, a opinião da maioria de certo modo venceu. A resistência iria até a escolha de Tancredo Neves, com Sarney (que assumiu no lugar dele) como vice, nas negociações, e a Lei de Anistia, para que os funcionários dos órgãos de segurança não temessem represálias.

A atenção que se depositava em Brasília, nos centros de comando, comportava uma esperança. A vontade de que, com a democratização, a mudança teria lugar de modo positivo e transformador. Tratava-se, é claro, de uma ilusão. A transição acertada impedia medidas de fundo. E a falta de informações, com o hábito da censura, ainda que a abolissem, escondia a face do que se passara nas últimas décadas. Falava-se inclusive, mais uma vez, no temperamento cordial do brasileiro, capaz de ultrapassar o autoritarismo sem as típicas gotas de sangue, como no resto do mundo. Havia, portanto, uma história dentro da História. Cumpria alcançá-la para a obtenção de uma consciência nacional, para a derrubada dos mitos de conciliação nas mais agudas presenças de barbárie.

Um traço curioso no processo de criatividade contraposto ao sistema aconteceu na arquitetura. Esta vinha dos anos 1950, com a construção de Brasília por Juscelino Kubitschek, quando emergiram os talentos de Oscar Niemeyer e Lúcio Costa. O prestígio de ambos dentro e fora do país superava as posições políticas e se afirmava a contrapelo. O máximo que se podia fazer quanto a eles, em especial contra Niemeyer, de concepções sabidamente comunistas, era boicotá-los, retirá-los das concorrências oficiais. No entanto, as formas dos edifícios do nosso principal arquiteto se impunham e não se deixavam calar. Estava-se ali diante de uma revolução flagrante, a vitória das curvas sobre as retas, a necessidade da beleza nos mais diversos recantos, o uso inteligente do concreto.

É fato que, não obstante o apoio de setores da classe média, o golpe de 1964 precisou enfrentar sempre (e nisso saiu derrotado) o antagonismo dos intelectuais. Com raras exceções, estes, nos seus balanços de momento, viam com maus olhos o que ocorrera e o que vinha ocorrendo. Pertencentes à burguesia, na sua quase totalidade (como Sartre, na França, como confessa em *O que é a literatura?*[12]), solidarizavam-se com os despossuídos e

---

12 Cf. SARTRE, Jean-Paul. *Qu'est-ce que la littérature?* Paris: Gallimard/Idées, 1972.

não podiam aprovar uma opção de governo egoísta e pouco sensível com as mazelas nacionais. O bloco compacto do pensamento conservador começou a rachar assim. A ânsia por reformas persistia, ainda que camuflada por uma série de outras reivindicações, sobretudo, agora, por liberdades políticas e contra as torturas. Entre elas, preocupava o problema da situação no campo, a migração constante e crescente de populações rurais para o meio urbano com o consequente esvaziamento de mão de obra para a exploração da terra e a multiplicação de habitantes nas favelas. Hoje, ainda, como se sabe, a despeito das vitórias do agronegócio e da força dos chamados "ruralistas", o Movimento dos Trabalhadores Rurais Sem Terra alimenta a chama da insatisfação e denuncia a presença dos desvalidos em favor de desapropriações de propriedades improdutivas. Contudo, o país mudou. O mundo possui outra dinâmica e é possível reconhecer, nos mais diversos recantos, os braços da indústria de consumo e as simpatias que despertam, atenuando as insatisfações e orientando-as em novas direções, além do que pretendiam os militares de linha dura.

A cena da posse na presidência da República de Dilma Rousseff, uma militante de esquerda, torturada e presa política em passado recente, de repente elevada à testa do governo pelo voto popular, fala por si. Gostando ou não, a tropa alinhada à sua frente bateu continência. Um visitante ingênuo, no meio do público, testemunhando o evento, sem consciência do que teria havido no entretempo, diria que a Terra girara e pusera o planeta de cabeça para baixo...

Não há como pretender, aqui, um exame extensivo do que o período produziu em matéria de voz ativa ou de silêncio. Ressaltam-se, no entanto, em particular, as cicatrizes da nacionalidade ferida. A ideia de uma Comissão que exponha as entranhas do sistema visa antes, ao contrário do que parece, a costurar as rachaduras, impedir que se transformem em chagas e que venham a envenenar as gerações próximas. Continuamos olhando com admiração o comportamento dos nossos irmãos ao sul do continente, pela condenação e prisão dos criminosos da política. Mesmo assim, a ausência de punições, por maior que seja a revolta, torna-se menos relevante diante do que o escândalo proporciona. A brutalidade de um indivíduo de alta patente, tornada pública, saia ele ou não da audiência caminhando com os seus pés, enfatiza o que experimentamos e a vontade de que algo de semelhante não se repita. E mais vale uma opinião consagrada do que os efeitos de retórica das medidas repressivas. Positivamente, vivemos as dores de uma nacionalidade ferida. Ela se deixou cortar com faca enferrujada quando declaramos não dar importância ao princípio da humanidade. Nacionalidade traumatizada já é doença grave, mas a humanidade ferida, onde isso se verificou na História, criou sombras que mais tarde obcecaram e ainda obcecam nossos contemporâneos. O genocídio dos indígenas e o escravismo dos negros, heranças do Renascimento e da colonização europeia, constituem resíduos graves para que não avaliemos até que ponto vão as armadilhas do destino. Isso para não falar dos males do fascismo.

Os modernos tratamentos de psicoterapia têm razão nesse ponto. É preciso falar – e falar muito, até esgotar o tema no interior da humanidade posta em questão. A crueldade extrema cala realmente a poesia?

Ou ela se conserva justo onde menos se espera que renasça?

Saber o que a interioridade contém pode ser fundamental para reverter o drama da compulsão dos erros. Há dificuldades na postura, é claro. Rever é como sofrer novamente. Os dias ensolarados, as diversões fáceis – tudo convida para o esquecimento. Ao final da Segunda Grande Guerra, também se queria fazer cessar a obsessão diante das atrocidades do conflito. No entanto, as memórias, como as bibliotecas, possuem um sentido, existem para proteger. A verdadeira viagem, já se observou, não ocorre durante o trajeto. É depois de abrir a bagagem que a entenderemos e mediremos sua importância. Há um tempo para respirar e um tempo para acumular reflexões, para escrever. Alguns relatos, de tão dolorosos, custam a emergir. Mas só quando o fazem, seremos outros.

REFERÊNCIAS BIBLIOGRÁFICAS

ANDRADE, Carlos Drummond de. "Nosso tempo". In: ______. *Poesia e prosa*. Rio de Janeiro: Nova Aguilar, 1988.

OLIVEIRA, José Carlos. *Pavão desiludido*. Rio de Janeiro: Editora Bloch, 1972.

PINTO, Ewelson Soares. *Crônica do valente Parintins*. São Paulo: Duas Cidades, 1976.

POMPEU, Renato. *Quatro olhos*. São Paulo: Alfa-Omega, 1976.

TAPAJÓS, Renato. *Em câmara lenta*. São Paulo: Alfa-Omega, 1977.

Estado, ditadura e permanências: sobre a forma política

MAURO IASI

Na luta política, não se pode macaquear
os métodos de luta das classes dominantes
sem cair em emboscadas fáceis.
[GRAMSCI, 2007, P. 123]

No momento em que lembramos o cinquentenário do golpe burguês e militar ocorrido em 1964, refletimos sobre as marcas da ditadura que ainda estão presentes na sociedade brasileira. Partimos do pressuposto de que não há "restos", como se fossem aspectos não superados de uma forma que foi suplantada e deixou atrás de si elementos ainda esperando por serem enfrentados. Há permanências somente no sentido de que tais aspectos seguem funcionais à ordem a qual se associam.

Esse pressuposto se fundamenta em duas premissas: enfrentamos uma mudança de forma do Estado burguês – nesse sentido, a principal permanência não é formal, mas substancial, e se liga ao caráter de classe do Estado brasileiro –; e em segundo lugar, diante dessa permanência substancial, os aspectos pontuais que acabam sendo identificados como reminiscências são de fato indicativos de determinações estruturais mais profundas que se expressam na forma política em nossa formação social.

Para que possamos refletir sobre esses aspectos é necessário remetermos nossa análise para o debate que se deu no momento da crise da autocracia burguesa e início do processo de democratização. A esquerda brasileira aceitou a premissa de que a predominância das formas repressivas se dava pela particular forma da inserção do Brasil no desenvolvimento geral do modo de produção capitalista. Seja pela afirmação da chamada via colonial, seja pela incorporação da categoria de via prussiana, passamos a concordar que, nas condições históricas de nossa formação, o Estado estaria obrigado a agir sobre a sociedade sem as mediações de uma sociedade civil-burguesa, o que levaria à predominância dos recursos repressivos sobre os meios de formação de consenso.

Tal caracterização assume uma forma clássica na afirmação de Carlos Nelson Coutinho, quando nos diz:

> Uma direta consequência da 'via prussiana' foi gerar uma grande debilidade histórica da democracia no Brasil [...] [que] tem consequência na própria estrutura do relacionamento entre o Estado e a sociedade civil, já que o caráter extremamente forte e autoritário do primeiro correspondeu à natureza amorfa e atomizada da segunda (Coutinho, 2006, p. 451).[1]

De certa maneira formou-se um consenso sobre a possibilidade da situação conjuntural aberta com a crise da autocracia burguesa nos levar à superação dessa característica nos termos de Coutinho, a possibilidade de "criação de um regime de liberdades formais representaria a superação da figura política atual da 'via prussiana'" (2006, p. 452). Para o autor, a democracia, compreendida como "a ampla incorporação organizada das grandes massas à vida política nacional", funcionaria como uma espécie de "antídoto de eficácia duradoura" contra a "via prussiana" (idem, p. 453). A "socialização da política" levaria, nas palavras de Coutinho, ao seguinte resultado:

> O fortalecimento da sociedade civil abre assim a possibilidade concreta de intensificar a luta pelo aprofundamento da democracia política no sentido de uma democracia organizada de massas, que desloque cada vez mais 'para baixo' o eixo das grandes decisões hoje tomadas exclusivamente 'pelo alto' (idem, p. 454).

Duriguetto (2007) nos alerta que, no momento da transição da autocracia burguesa para o processo de democratização, há um debate em torno do

[1] Na mesma frase, o autor indica ao lado dessa característica uma "debilidade no pensamento social", seja pelo caráter conciliador do liberalismo, seja pela tradição autoritária e golpista, inclusive boa parte do "pensamento de esquerda".

conceito de sociedade civil e seu papel em relação à democracia. Podemos, seguindo as reflexões da autora, dividir inicialmente em duas grandes posições: uma ligada a um conservadorismo reformista e outra ligada a posições de um reformismo de esquerda. No primeiro bloco configurariam, entre outras, as posições expressas pelas análises de Wanderley Guilherme dos Santos, Fernando Henrique Cardoso e Bolívar Lamounier e podem ser sintetizadas na perspectiva segundo a qual tratava-se de criticar a concentração de poder, econômico e político, contrapondo a ela uma liberalização do mercado e um processo de desconcentração do poder político pelo fortalecimento da sociedade civil, entendida aqui como "espaço de liberdade sócio-organizativa dos múltiplos interesses existentes na sociedade", podendo, assim, aumentar a possibilidade de controle sobre as ações estatais e as políticas públicas (Duriguetto, 2007, p. 142).

O caráter conservador dessas aproximações, ainda segundo a autora, se daria pelo esvaziamento do conceito de sociedade civil de qualquer elemento de luta de classes, reduzindo-a ao espaço da multiplicidade de interesses próprios do campo burguês e sua funcionalidade apenas como "canal de negociação com o Estado e não de luta contra o Estado" (ibidem). As diferenças entre as análises levariam, no máximo, a uma distinção entre uma posição "liberal-conservadora" e uma "liberal-democrática", pela maior ou menor ênfase na resultante democrática, isto é, sobre a maior ou menor participação ou o maior ou menor enfrentamento das desigualdades sociais, entendidas aqui não como expressões de uma ordem capitalista a ser superada, mas como problemas para o estabelecimento de patamares de consenso necessário ao equilíbrio do sistema político.

Contrastando com essas posturas, haveria três outras posições que estariam na mesma época buscando compreender o papel que a entrada em cena das lutas sociais (movimento grevista, lutas populares, demandas democráticas advindas das chamadas classes subalternas etc.) no processo de democratização que se abria. Duriguetto (2007) inclui nesse bloco três pensadores: Carlos Nelson Coutinho, Francisco Weffort e Marilena Chauí. Segundo a análise realizada, esses autores se diferenciariam substancialmente, ainda que compondo em relação ao primeiro bloco uma postura muito distinta, apontando para uma crítica à forma capitalista indicando uma meta socialista.

Enquanto Coutinho tende a ver a sociedade civil e seu fortalecimento como momento de uma luta de classes que, como vimos, poderia levar à superação da via prussiana pela mudança do eixo das decisões – o que implicaria a formação de uma vontade coletiva das classes trabalhadoras contra o bloco dominante –, Weffort tende a centrar sua perspectiva na questão da participação. Para esse autor, portanto, o diferencial que levaria à mudança de qualidade da ordem política estabelecida se encontrava na democracia, isto é, "a diferença é a participação popular", o que nos levaria a criar no âmbito da democracia "mesmo parcial" espaços que permitissem a expressão das demandas dos de baixo. Para Weffort, a transformação social coincidia com o processo de "aprimoramento da democracia", transitando de formas de representação para formas de democracia direta (Weffort, 1984, p. 120).

Marilena Chauí (1990), por seu turno, destacaria o elo entre o processo de democratização e as lutas cotidianas e sua potencialidade de gerar espaços de construção política, não apenas direcionadas à apresentação de reivindicações ao Estado, mas como vivências capazes de gerar novas formas de relacionamento sociocultural, práticas e espaços de afirmação e contestação da dominação construídos desde baixo, enfatizando, portanto, o aspecto da autonomia e independência dos movimentos sociais e da classe trabalhadora.

Ainda que concordando com o sentido geral da análise indicada por Duriguetto, chama a atenção o fato de que essa polêmica se dá no interior de uma base de consenso que se conforma pela confluência de alguns elementos centrais. A concordância mais geral se dá na busca da forma democrática e a condição para sua eficácia, seja no sentido de consolidação da ordem burguesa, seja como caminho na direção de perspectivas socialistas (como campo mais favorável à luta de classes, como em Coutinho, pelo aumento da participação, como em Weffort, ou como ênfase nas lutas cotidianas e na criação de uma nova cultura, como em Chauí), o consenso estaria na importância do "fortalecimento" da sociedade civil (seja como expressão de uma economia de mercado, seja como expressão das lutas sociais e da organização de massa).

A base do consenso é o nexo entre o fortalecimento da sociedade civil e a socialização da política, que na versão conservadora se restringe aos diversos setores da ordem burguesa que emergem da livre concorrência (inclusive os que representam nessa ordem os "interesses" dos trabalhadores), e que na versão reformista, mais ou menos radical, inclui a possibilidade de expressão das massas organizadas com um horizonte estratégico socialista. Nesse quadro, a contradição principal a ser compreendida seria sobre o caráter da democracia, isto é, se seria uma democracia burguesa (restrita aos aspectos formais) ou uma democracia que pela participação ou pressão dos trabalhadores poderia se constituir em caminho para o socialismo, ou mesmo já um momento de sua construção (como parecem indicar as análises de Weffort e Chauí e que se materializaram de forma didática nas formulações do PT)[2].

Ora, essa não é uma mera discussão teórica. Quando lembramos os 50 anos do golpe de 1964 e a ditadura burguesa-militar que se implementou, durando algo em torno de 20 a 25 anos, constatamos que a transição democrática acumula já quase 30 anos. Nesse sentido, nossa pergunta é a seguinte: o que se consolidou nessas quase três décadas que nos separam da crise da ditadura?

Interessante notar que devemos iniciar pela afirmação de que houve de fato o fortalecimento da sociedade civil e que foi acompanhado da consolidação de um ordenamento político-democrático, no entanto, a previsão dos dois campos não se efetivou, ou seja, não temos no cenário democrático nem uma resolução qualitativamente diversa[3] da forma política no interior

---

[2] Duriguetto (2007, p. 164) ressalta que entre as três posições seria a de Coutinho aquela que reuniria um conjunto de categorias de análise, de base marxiana e gramsciana, mais adequada à compreensão do desenvolvimento dos movimentos sociais e seu devir histórico. Interessante notar que entre as três posturas apresentadas, a de Coutinho era a que mais se identificava com uma posição "reformista", no entanto, as posições políticas aparentemente mais radicais (Weffort fala em revolução e Chauí, em uma negação mais contundente do espaço institucional e estatal, preservando a autonomia de classe) acabaram por desaguar em um projeto político muito mais adequacionista em relação à ordem que Coutinho. Enquanto este rompe com o PT e participa da formação do PSOL, Weffort acabará participando do governo Fernando Henrique Cardoso e Chauí continua respaldando, ainda que com posturas mais ou menos críticas, os governos petistas em sua inflexão conservadora.

[3] Houve de fato uma adequação importante na forma política na passagem da autocracia burguesa para o processo de democratização, consolidando o que se denomina de "presidencialismo de coalizão" (Figueiredo e Limongi, 1998), uma mudança da forma pela qual os diferentes setores da burguesia monopolista, que antes atuavam diretamente no Estado, agora o fazem pela mediação de segmentos políticos e atuam por *lobbies* ou pela formação de bancadas de sustentação ou oposição ao governo federal. No entanto, a virtude de uma forma democrática não se efetivou, pelo menos não como pensada pelo chamado pensamento "liberal-conservador" ou "liberal-democrático", isto é, nos termos de Lamounier (1995, pp. 20-21 apud Duriguetto, 2007, p. 144), a "institucionalização do subsistema representativo" que permitiria que a descentralização econômica levasse a mecanismos mais eficazes de concorrência eleitoral e, em consequência, uma maior representatividade das instâncias políticas decisórias.

da qual os segmentos da ordem burguesa interferem nas decisões do Estado e na elaboração das políticas públicas, nem um patamar de luta de classes no qual os trabalhadores equilibram a correlação de forças a ponto de apresentarem suas demandas (imediatas e históricas) disputando em condição mais favorável contra a hegemonia burguesa.

O próprio Carlos Nelson Coutinho (2008, p. 133) conclui que, apesar dos limites, o resultado da transição revela que o Brasil tornou-se um país "ocidental" nos termos gramscianos. Em verdade, o autor acredita que essa é mesmo um resultado do próprio ciclo ditatorial e já se expressa numa "justa relação" entre Estado e sociedade civil desde o final dos anos 1970. A transição para a forma democrática derivaria exatamente da contradição entre o desenvolvimento da formação social brasileira, tanto no que diz respeito à economia, como o fortalecimento da sociedade civil, em relação à forma política própria da autocracia burguesa. A forma política estaria em contradição com as exigências da formação social desenvolvida pela ditadura, que precisava ser e foi alterada.

Florestan Fernandes identificou, de forma diversa, essa contradição nos seguintes termos:

> Os recursos de opressão e de repressão de que dispõe a dominação burguesa no Brasil, mesmo nas condições especialíssimas seguidas ao seu enrijecimento político e à militarização do Estado, não são suficientes para 'eternizar' algo que é, por sua essência (em termos de estratégia da própria burguesia nacional e internacional) intrinsecamente transitório (Fernandes, 1975, p. 321).

A burguesia monopolista, que aqui articulava os interesses internos e imperialistas numa forma adequada de dominação, precisava equacionar seus problemas de hegemonia, mas teria que fazê-lo sobre as condições estruturais de um capitalismo dependente e subordinado, com todas as condições que daí derivam e que levam à principal contradição que se expressa na forma política do domínio burguês no Brasil. Para Florestan, o caráter dependente do capitalismo brasileiro é a base de uma exclusão da maioria da população, o que leva ao fato de que "a dominação burguesa e o poder burguês ficam, em consequência, estreitamente confinados aos interesses e aos meios de ação das classes burguesas" (idem, p. 331).

Nesse sentido, para o autor, as alternativas para a burguesia no que diz respeito aos caminhos da transição se restringiam a duas possibilidades: um recrudescimento dos mecanismos autocráticos, dado o caráter estrutural da exclusão; ou um tipo de democracia que, em troca da adesão parcial dos trabalhadores, ofereceria muito pouco, levando a uma forma ainda mais marcante de democracia restrita, uma democracia de cooptação.

A conclusão de Florestan Fernandes é a seguinte: "entrelaçar os mecanismos de uma democracia de cooptação com a organização e o funcionamento do Estado autocrático" (idem, p. 363). Notem que onde a maioria dos analistas trabalha com um cenário no qual haveria uma transição de uma forma ditatorial para uma forma democrática, da ênfase nos aspectos coercitivos para a ênfase nos aspectos de consenso, Fernandes vê uma síntese.

Descartando a possibilidade de uma democracia de cooptação, pelos aspectos estruturais da dependência anunciados, o autor aponta para o fato de que a democracia de cooptação possível se daria num quadro de recrudescimento e não de relativização dos aspectos autocráticos do Estado burguês no Brasil. Isso porque para ele os trabalhadores não aceitariam legitimar uma ordem burguesa que cederia muito pouco e as classes dominantes considerariam muito esse pouco a ser pago pela legitimação dos de baixo (idem, p. 365).

Essa leitura parece ter se confirmado se considerarmos o quadro conjuntural imediatamente posterior à crise da ditadura que inaugura o processo de transição democrática. Os militares deixaram explícito que empreenderiam uma transição lenta, gradual e segura. E nisso tiveram pleno êxito. Não se trata de mera continuidade da forma autocrática, que como vimos é sempre, por sua natureza, uma solução provisória, mas de uma mudança de forma na qual persistem certas características autocráticas, exatamente porque não são possíveis de serem eliminadas, porque não pertencem à lógica da forma, mas à substância que define o caráter do Estado burguês no Brasil.

Os ciclos de autoritarismo e democracias restritas no Brasil têm sido estudados como se fossem espasmos de progresso ou recaídas, mas se analisarmos com cuidado, veremos que expressam uma síntese sempre presente entre aspectos coercitivos e de formação de consenso, ciclos nos quais prevaleceu a ênfase coercitiva, pelo menos até a ditadura inaugurada em 1964. Entre 1889 e 1989, da proclamação da República até a retomada das eleições diretas em 1989, temos uma macabra contabilidade de 20 anos de regimes marcados por uma "democracia" precária em 100 anos de república e o restante submetido a formas abertamente autoritárias e ditatoriais (Iasi, 1990).

Ainda que verdadeira, essa análise leva ao risco de uma contraposição mecânica entre coerção e consenso. Compreender esses aspectos como uma unidade e identidade de contrários nos leva a afirmar que a predominância de um sobre o outro não implica uma mera substituição – da coerção pelo consenso ou vice-versa – mas uma alteração de ênfase no interior de uma relação na qual a coerção prepara o consenso e este não prescinde da coerção. Nos termos marxianos, a forma deve ser entendida não como mera aparência que esconde as determinações mais profundas, mas como forma socialmente necessária que expressa as contradições da unidade que a constitui, nesse caso, a unidade dialética entre coerção e consentimento. Como no caso da mercadoria, aqui também o segredo está na forma.

Coutinho (2008) está convencido que a ditadura e sua crise produziram um salto de qualidade nessa alternância das respostas da burguesia à crise de sua hegemonia. Se nos períodos passados a burguesia via-se diante das alternativas do populismo e da ditadura, que é uma outra maneira de apresentar a questão que em Fernandes aparece como democracia restrita ou autocracia, para Coutinho, esse período estaria condenado, irrevogavelmente, ao passado e isso o leva a uma conclusão importante para nosso debate:

> Na medida em que a burguesia tem hoje consciência de que essas soluções são inviáveis, ela tem se esforçado por combinar sua dominação com formas de direção hegemônica, ou seja, por obter um razoável grau de consenso por parte dos governados (Coutinho, 2008, p. 139).

Ainda que verdadeira, essa análise leva ao risco de uma contraposição entre coerção e consenso. A compreensão do Estado como unidade entre coerção e hegemonia, o que Coutinho denomina de conceito ampliado e Gramsci chamava de integral (ditadura + hegemonia), precisa aqui ser entendida mais profundamente.

Para Coutinho, essa compreensão do Estado ampliado tem um papel central em sua visão política estratégica e a forma tática de seu desenvolvimento. O Estado, considerado restritamente como máquina política de coerção, como "comitê executivo dos negócios da burguesia" como define

Marx, implicaria uma certa caracterização de formações sociais "orientais" (com Estado forte e sociedade civil gelatinosa) e, portanto, com estratégias revolucionárias de assalto ao Estado como se deu no modelo insurrecional soviético; ao passo que o conceito ampliado corresponderia a sociedades "ocidentais", nas quais a dominação burguesa penetra na sociedade, através de "trincheiras avançadas", fazendo com que a luta pelo poder político seja antecedida por uma guerra de posições, por uma disputa de hegemonia.

Ao caracterizar o Brasil como uma formação social que se "ocidentalizou", Coutinho indica que o eixo do desenvolvimento estratégico alterou-se, isto é, não pode mais ser pensado nos moldes de uma luta pela tomada do poder político via insurreição, mas por uma disputa de hegemonia na qual a luta pela democracia alcança valor estratégico e não apenas tático. Isso o levará àquilo que denomina "reformismo revolucionário", fortemente inspirado na experiência eurocomunista (Neves, 2013).

O problema com que o próprio Coutinho se depara e que consiste no fulcro da questão por nós analisada é que as premissas de sua postura se confirmaram, mas o resultado esperado não. Duriguetto tem razão ao identificar na leitura de Carlos Nelson Coutinho os elementos mais pertinentes e coerentes para realizar o debate sobre o devir da luta de classe e a forma política que acabou por prevalecer, exatamente por isso que é a partir de suas contribuições que podemos enfrentar o paradoxo que se apresenta.

O potencial transformador do processo de democratização não se efetivou, a ordem burguesa se consolidou e a burguesia parece ter equacionado seu problema de hegemonia por uma via surpreendente. Considerando o quadro atual, podemos afirmar que acabou por prevalecer o cenário que Florestan Fernandes descartou num primeiro momento: a democracia de cooptação. Daí o caráter surpreendente. O protagonista que torna possível essa via, que parecia de difícil realização considerando a ação política da própria burguesia, viria de um setor do proletariado, exatamente daquele que tanto Coutinho como Florestan identificavam como sujeito do potencial transformador em direção ao socialismo, seja no primeiro registro como um processo radical de reformas de horizonte revolucionário, como em Coutinho, seja da passagem de uma revolução dentro da ordem para uma revolução fora da ordem, como em Fernandes.

A burguesia não equacionaria seus problemas de hegemonia oferecendo pouco aos trabalhadores e o limite da oferta se constrange pelas determinações do capitalismo dependente. Essa constatação está na base da chamada alternativa democrática popular e em seu interior, a questão da democracia. A "impossibilidade" das classes dominantes de responder substantivamente às demandas vindas das camadas populares, muitas delas próprias do horizonte mesmo da ordem burguesa, levaria a uma intensificação da luta de classes e à formação de uma vontade geral de classe que apoiaria mudanças profundas. A impermeabilidade da burguesia a essas reformas levaria ao conflito e à transformação da revolução democrática em revolução socialista. Esse desdobramento implicaria um claro posicionamento das classes formando um bloco conservador, avesso às reformas democráticas, e um bloco popular que se aglutinaria em torno das demandas democráticas não realizadas pela ordem burguesa.

O terreno ideal dessa disputa é a forma política democrática que a burguesia teria sido levada a aceitar por conta da crise da autocracia. A guerra de posições se materializaria na ocupação de espaços na sociedade civil e na própria máquina governamental, mas teria, pelo menos na sua versão original, como base de sustentação um vigoroso movimento socialista vindo das lutas e organizações da classe trabalhadora e dos setores explorados pela ordem capitalista[4].

Temos que considerar que, segundo o juízo de Coutinho, essa disputa se daria em um quadro histórico no qual a via prussiana havia sido superada, num cenário de socialização da política. Ainda que Coutinho rejeite a idealização da sociedade civil como espaço puro dos interesses reais da sociedade contra o Estado, visão que está na base da concepção conservadora e que servirá de suporte ao chamado neoliberalismo e à contrarreforma do Estado, não se pode negar que a leitura realizada considera que a forma democrática seria muito mais útil aos interesses das classes trabalhadoras do que das classes dominantes.

No entanto, estamos convencidos de que esse cenário corresponde ao projeto estratégico da grande burguesia monopolista que implementava sua transição lenta, gradual e, fundamentalmente, sob controle. No que consiste esse controle? Ele se manifesta nas diferentes dimensões que no início da transição identificávamos como "tutela", ou ainda, "salvaguardas", isto é, uma série de instrumentos, políticos e jurídicos, através dos quais a classe dominante geria

[4] Ver, a respeito das resoluções do PT em seus 4º, 5º e 6º Encontros Nacionais, Almeida, Vieira e Cancelli (1998).

os limites da abertura política delimitando o campo que serviria de base à formação do consenso. Podemos identificar esses mecanismos de controle na formação de uma sistemática política fundada em certa estrutura partidária, que inclui desde medidas particulares, como a desproporcionalidade eleitoral para garantir a representação em estados e regiões que artificialmente formam uma maioria parlamentar, até a forma mais geral do que foi chamado de presidencialismo de coalizão (Limongi e Figueiredo, 1998). Mas também pela ação prévia e decidida de destruição de qualquer alternativa à esquerda, seja pela eliminação física de militantes das organizações revolucionárias do período precedente, seja pelo fechamento do espaço político para alternativas radicais e pelo combate ao movimento sindical autêntico e às lutas populares que emergiam no início dos anos 1980.

A estratégia burguesa de abertura sob controle obedece a um princípio político clássico, muitas vezes desconsiderado pela esquerda: preparar a guerra em tempos de paz. Tal princípio que remonta a Maquiavel (2001, p. 74)[5] é destacado insistentemente por Gramsci. Para o marxista italiano, a ação do Estado, considerado como unidade entre sociedade política e sociedade civil, combina elementos de dominação e de hegemonia, nos seus termos, "hegemonia couraçada de coerção" (Gramsci, 2007, p. 244). Nessa direção, seria estranho ao autor contrapor um momento do Estado burguês como ditadura, no qual predomina a coerção, outro momento democrático onde esta não tem lugar. A suposta diminuição do caráter coercitivo e dos elementos de pura dominação autoritária se daria, segundo Gramsci, naquilo que denomina de "sociedade regulada", isto é, o comunismo. Nesse ponto o autor italiano está seguindo rigorosamente as pistas de Marx ([1875], s/d, p. 220) em seu *Crítica ao Programa de Gotha*, quando trata da teoria da transição do capitalismo ao comunismo e a extinção do Estado, ou sua subordinação total à sociedade civil. Em nenhum momento Gramsci assume a possibilidade disso se dar no contexto de uma sociedade de classes, como fica claro na passagem seguinte: "Enquanto existir Estado-classe, não pode existir a sociedade regulada, a não ser como metáfora" (Gramsci, 2007, pp. 223-224). E completa de forma precisa:

---

5 "Nos tempos de paz, não deixar nunca de pensar em coisas de guerra" (Maquiavel, 2001, p. 74).

> A confusão entre Estado-classe e sociedade regulada é própria das classes médias e dos pequenos intelectuais, que se sentiram felizes com uma regulação qualquer que impedisse as lutas agudas e as catástrofes: é concepção tipicamente reacionária e retrógrada (idem, p. 224).

Coutinho sabe perfeitamente dessa diferenciação e por isso seu projeto de reformismo revolucionário aponta para uma ruptura, mais precisamente, pela necessária alteração do caráter de classe do Estado. No entanto, isso não impede que se apresente aqui uma clara aproximação estratégica gradualista que supõe acúmulos dentro da ordem estatal burguesa, que, como vimos, diante de sua impermeabilidade às reformas mais profundas, abriria caminho para transformações socialistas. A questão que se torna evidente é a seguinte: no curso desse acúmulo de forças no qual ocorre a disputa de hegemonia, o Estado-classe da burguesia abdicaria de seus recursos repressivos e conduziria a disputa no terreno exclusivo da democracia?

Como Gramsci, Coutinho parece pensar, como bem destacou Duriguetto, a formação do consenso no terreno da luta de classes, isto é, não se trata de um consenso policlassista, mas de construir uma vontade geral de classe, ou de um bloco de classes, contra a hegemonia burguesa, que conquiste a direção moral e intelectual da sociedade antes de ser dominante no aparelho do Estado. Gramsci apresenta assim essa questão ao falar do Estado burguês:

> O Estado é certamente concebido como organismo próprio de um grupo, destinado a criar as condições favoráveis à expansão máxima desse grupo, mas este desenvolvimento e esta expansão são concebidos e apresentados como força motriz e uma expansão universal, de um desenvolvimento de todas as energias 'nacionais', isto é, o grupo dominante é coordenado concretamente com os interesses gerais dos grupos subordinados e a vida estatal é concebida como uma contínua formação e superação de equilíbrios instáveis (no âmbito da lei) entre interesses do grupo fundamental e os interesses dos grupos subordinados, equilíbrios em que os interesses do grupo dominante prevalecem, mas até um determinado ponto, ou seja, não até o estreito interesse econômico-corporativo (Gramsci, 2007, pp. 41-42).

O que parece ficar evidente é que o Estado, como a matriz marxiana já afirmava, se funda necessariamente em um interesse particular de classe que está obrigado a apresentar-se como se fosse universal. Gramsci confirma aqui essa premissa, o que nos leva a afirmar que a formação de consenso, o momento da hegemonia burguesa, é de fato um processo de "contínua formação e superação de equilíbrios instáveis", exatamente porque o caráter fundamental dos interesses em jogo são inconciliáveis. Ora, dessa forma, o Estado-classe não pode se reduzir à formação do consenso e a hegemonia tem que ser couraçada de coerção. A democracia não implica abdicar da coerção, ela a pressupõe.

O estranhamento com os elementos repressivos e coercitivos no seio de um momento democrático, ao serem identificados como "restos" da ditadura, corre o risco de levar à compreensão que seriam aspectos próprios de uma ordem e uma forma política autoritárias que não têm lugar em um suposto Estado de Direito.

Nossa compreensão é que tal leitura não se sustenta, pelo menos não se considerarmos as reflexões do próprio Gramsci. O traço descrito, ou seja, que a forma política implica o paradoxo de um interesse particular ter que se expressar como universal, o que leva a um equilíbrio instável, leva Gramsci a afirmar que:

> O exercício 'normal' da hegemonia, no terreno tornado clássico do regime parlamentar, caracteriza-se pela combinação da força e do consenso, que se equilibram de modo variado, sem que a força suplante em muito o consenso, mas ao contrário, tentando fazer com que a força pareça apoiada no consenso da maioria [...] (idem, p. 95).

Nesse ponto, a análise de Gramsci nos permite uma aproximação fundamental, que está ligada à natureza instável da hegemonia burguesa, mais precisamente ao momento de sua crise de hegemonia. A classe dominante constrói o consenso instável pensando na necessidade de proteger-se quando essa hegemonia indica sinais de crise que podem ameaçar seu domínio. Ela, como aconselhava Maquiavel, nos tempos de paz, pensa nas coisas da guerra. No entanto, os trabalhadores que seguiram pelo caminho da disputa legal no interior de uma ordem legal e jurídica estabelecida estariam, por princípio, impedidos de uma alteração abrupta que levasse da guerra de posições para a guerra de movimentos. E isso não apenas por uma necessidade abstrata de coerência com o caminho escolhido. Gramsci trata as formas militares da guerra de movimento e de posições como uma metáfora, isto é, não pensa ser possível uma transposição sem mediações do terreno militar para o da política. Na política é muito mais complexa a situação, nos alerta o sardo.

É preciso, antes de tudo, lembrar que para Gramsci não se trata de abandonar a guerra de movimentos ao assumir a guerra de posições, uma vez que ele não abdica da tomada do poder de Estado, sua destruição e substituição por um Estado proletário. A guerra de posições, a disputa de hegemonia, antecede e prepara o assalto ao poder, portanto, em algum momento a guerra de posições deve virar guerra de movimento. Na guerra, isso é evidente e os exemplos que Gramsci busca na Guerra Civil soviética comandada por Trotski são abundantes, mas no campo da política isso é muito mais complicado. O marxista italiano trata do tema ao falar do "arditismo", ou seja, sobre os *ariditi*, termo relativo às tropas de assalto italianas criadas na Primeira Guerra Mundial e que deriva do verbo *ardire* (ousar). Para ele, o arditismo é uma prática comum, seja no terreno da guerra, seja no terreno político, e amplamente praticado pelas classes dominantes, no entanto, criam armadilhas quando usados sem critério pelo proletariado em sua luta, levando aos riscos que a frase que nos serviu neste texto de epígrafe alertava: "Na luta política, não se pode macaquear os métodos de luta das classes dominantes sem cair em emboscadas fáceis" (Gramsci, op. cit., p. 123).

No caso do método de ação política das classes dominantes, o arditismo se articula diretamente ao que descrevíamos. Quando um Estado-classe se debilita, as "tropas de assalto"[6] entram em cena com uma clara função: "usar a ilegalidade, enquanto o Estado parece permanecer na legalidade, como meio para reorganizar o próprio Estado" (ibidem). Ainda que ao autor trate o tema particular de grupos armados privados ou o que chamaríamos de paramilitares, a substância do fenômeno é mais universal. São os dois braços do Estado burguês que agem simultaneamente nos limites da legalidade e nas fronteiras obscuras da ilegalidade, mesmo considerando seu ordenamento jurídico de classe estabelecido. Isso nos permite compreender a ação de grupos de ex-

---

[6] Gramsci relaciona os *ardite* às tropas privadas numa clara referência aos destacamentos fascistas ou a bandos paramilitares que agem em nome da garantia da ordem, poupando o Estado da ilegalidade de seus atos.

termínio, a violência no campo, mas também a ação dos aparatos repressivos instituídos e do próprio setor militar e seu papel no golpe militar/burguês de 1964 e outros que pontuaram nossa história. Para Gramsci, "o governo militar é um parêntese entre dois governos constitucionais; o elemento militar é a reserva permanente da ordem e da conservação" (idem, p. 66).

Entretanto, se essa é prática permanente na lógica política das classes dominantes, algumas dificuldades se apresentam aos trabalhadores, diz Gramsci:

> Acreditar que se possa combater o *arditismo* com *arditismo* é uma tolice; significa acreditar que o Estado vai permanecer eternamente inerte, o que jamais ocorre, e isso sem mencionar as demais condições diversas. O caráter de classe leva a uma diferença fundamental: uma classe que deve trabalhar diariamente com horário fixo não pode ter organizações de assalto permanentes e especializadas, diferente de uma classe que desfruta de amplas possibilidades financeiras e não está ligada, em todos os seus membros a um trabalho fixo (idem, p. 123).

Em poucas palavras, a classe dominante está organizada em um Estado que opera em seu favor, liberando-a para as tarefas da exploração enquanto toma conta da ordem. Os trabalhadores, não. Bem, isso significaria, então, que para esse autor a tática de assalto deveria ser definitivamente abandonada em favor da guerra de posições? Parece-nos que não, como fica claro na observação que segue à frase citada:

> Portanto, a tática dos *arditi* não pode ter, para certas classes, a mesma importância que para outras; para certas classes faz-se necessário, porque apropriada, a guerra de movimentos e de manobra que, no caso da luta política, pode-se combinar com o útil e talvez indispensável uso da tática dos *arditi*. Mas fixar-se no modelo militar é tolice: a política deve, também aqui, ser superior à parte militar e só a política cria a possibilidade da manobra e do movimento (idem, p. 123-124).

Evidente que não podemos restringir os movimentos táticos e estratégicos de uma luta revolucionária à disponibilidade de horários de uma classe inserida na divisão do trabalho, mas não cremos que é isso a substância do que está afirmando Gramsci. Segundo nosso entendimento, uma dificuldade específica do proletariado consiste no fato de que ele enfrenta um inimigo que pode e opera simultaneamente no campo da legalidade e ilegalidade, assim como combina elementos de formação de consenso sem que descuide da manutenção e preparação constante dos meios de repressão; ao mesmo tempo em que o proletariado se vê obrigado a escolher um campo de ação aparentemente excludente, isto é, o caminho do enfrentamento que rompe a legalidade da ordem instituída, ou a luta no interior desta ordem quando acumula forças e busca disputar a hegemonia. A armadilha é que a condição para a disputa da hegemonia parece ser abdicar de ações revolucionárias mais decididas.

Ernesto Che Guevara (1981), ao refletir sobre o caráter universal ou não da estratégia proposta pela Revolução Cubana, identifica com propriedade que em certos países da América Latina o desenvolvimento econômico e o processo político acabam por inibir a luta guerrilheira incentivando as "lutas de massas organizadas pacificamente". Diz Che:

> Esta concepção gera a visão de 'institucionalidade' quando, em períodos mais ou menos 'normais', as condições são menos duras do que as que se dão habitualmente aos povos. Chega-se inclusive a conceber a ideia de possíveis aumentos quantitativos de representantes revolucionários no parlamento, até o dia em que esse crescimento quantitativo permita uma mudança qualitativa (Guevara, 1981, p. 50).

Em outro texto, o comandante afirma que a escolha desse caminho implica um enorme esforço para dominar posições que de fato não passam de "pequenas colinas dominadas pelo fogo cerrado da artilharia inimiga" (Guevara, 1981, p. 57), tais como a legalidade, as greves econômicas legais, as reivindicações por aumentos de salários, mudanças constitucionais ou legais etc. Concluindo:

> E o pior de tudo é que para ganhar estas posições tem que intervir no jogo político do Estado burguês, e para obter a autorização de entrar neste jogo perigoso, é preciso demonstrar que atuará dentro dos estritos limites da legalidade, que é bonzinho, que não representa perigo, que não passará pela cabeça de ninguém assaltar casernas ou trens, nem destruir pontes, nem punir os carrascos e os torturadores, nem ir até as montanhas e erguer com punho forte e definitivo a única e violenta afirmação da América: a luta final por sua redenção (ibidem).

A questão não é descartar formas políticas de antemão, ou seja, não se trata de contrapor por princípio a guerra de movimentos à guerra de posições, ou como pode transparecer na citação de Che, uma recusa às lutas imediatas. Em sua análise, Guevara considera que as lutas pacíficas de massa no interior de uma legalidade burguesa é consequência do desenvolvimento do capitalismo nessas formações sociais, o que altera o cenário de luta. Segundo o revolucionário latino-americano, a qualidade dos revolucionários se mede por sua capacidade de "encontrar táticas adequadas a cada mudança de situação" e levá-las consequentemente até o máximo. Nesse sentido, continua o autor, seria um "erro imperdoável descartar por princípio a participação em algum processo eleitoral" se este significar a possibilidade de um avanço do programa revolucionário, mas alerta que "seria imperdoável também, limitar-se a esta tática sem utilizar outros meios de luta" (idem, p. 50).

Ora, de volta à nossa questão, trata-se, portanto, da dificuldade de mudar da guerra de posições para a guerra de movimentos, da difícil passagem do acúmulo de forças políticas para a tomada do poder. No caso da arte militar, essa passagem é mais evidente, mas no caso da luta política, ela implica, assim como no caso da burguesia, um comando, já que a política determina a ação militar e não o contrário. Para as classes dominantes, esse papel de comando e centralização é cumprido pelo Estado e no caso do proletariado, deveria ser cumprido pelo Partido[7].

Tal dificuldade se agrava por uma característica específica das formações sociais latino-americanas e em especial da brasileira: aquilo que Fernandes (1975) denominou contrarrevolução preventiva. As classes dominantes em nossas formações sociais desenvolveram, pela própria natureza da revolução burguesa que aqui se deu, a incrível capacidade de antecipar-se no sentido de evitar que as lutas democráticas pudessem, ainda que apenas potencialmente, tender para rupturas de caráter socialista.

Operando de forma eficaz as dimensões do consenso e da coerção, as classes dominantes, como indicou Gramsci, podem deslocar a ênfase de sua ação política da democracia para a ditadura quando isso se faz necessário e

---

[7] "Coligar entre os trabalhadores estas instituições, coordená-las e subordiná-las a uma hierarquia de competência e de poderes, centralizá-las fortemente, embora respeitando as necessárias autonomias e articulações, significa criar desde já uma verdadeira e própria democracia operária em contraposição eficiente e ativa com o Estado burguês" (Gramsci, 1976, pp. 337-338).

é possível, como foi em 1964, ao passo que os trabalhadores acabam ficando presos ao desenvolvimento de uma estratégia que não pressupunha um momento de ruptura com o Estado burguês, como se deu dramaticamente no caso do Chile e da experiência da Unidade Popular em 1973.

No caso do Brasil, a transição foi pensada como a necessidade de produzir uma abertura política sob controle, como dissemos. Tal postura fica clara na posição de uma das principais figuras da elaboração estratégica do campo dominante, o general Golbery do Couto e Silva, quando compara o processo político brasileiro às sístoles e diástoles do coração, defendendo que era necessário operar a abertura para manter as condições de operar o fechamento quando for necessário. Diz Golbery:

> Apelemos, agora, a uma visão dialética, Marx excluso, se quiserem. [...] Na fase ascendente da centralização produzem-se, portanto, germens da própria descentralização, obstáculos que começam desde logo a opôr-se [sic] à primeira, mas sem força de retardá-la, quanto mais de detê-la; tudo se passa assim, até que a centralização atinja seu clímax; a partir de então, os fatores em oposição ou obstáculos começam a preponderar, freando o processo de centralização cada vez mais, até reduzi-lo à inoperância (Silva, [1980] 1993, p. 117).

Evidente que nenhuma classe dominante tem o total controle de processos políticos, não foi diferente no Brasil. No entanto, ao avaliarmos o quadro histórico contemporâneo, podemos afirmar com um certo grau de certeza que entre as duas grandes afirmações estratégicas presentes na crise da autocracia burguesa foi a das classes dominantes que acabou por se impor. Não porque não tenha havido luta de classes, mas que a resolução dessa luta numa forma política se deu em favor dos interesses do bloco dominante. A democracia não amenizou a luta de classes ou fez com que ela se desse em um cenário mais favorável aos trabalhadores, a democracia acirrou a luta de classes e o consenso instável da ordem burguesa teve que se dar pela democracia de cooptação tornada possível pelo transformismo do PT em setor político conformado à ordem burguesa.

A democracia de cooptação é instável, ainda que extremamente eficiente. Ela só pode se dar por uma mescla de cooptação com atendimento precário e parcial das demandas populares e da classe trabalhadora. Desarmada ou apassivada, parte considerável das organizações que se estruturam nos anos 1980 e 1990, a ordem burguesa pode alcançar uma estabilidade não mais que precária.

A base do consentimento, a base material do pacto de classes operado pelo PT e os governos que dirige como força principal só pode se dar nas condições do capitalismo associado e dependente que se completou no Brasil, na forma de uma garantia instável de emprego, na maioria dos casos precarizado nas condições de trabalho e de direitos flexibilizados, pelo acesso ao consumo via facilitação de crédito, pelo acesso a bens e serviços cada vez mais dependente do mercado ou de formas híbridas, como as parcerias público-privadas de todos os tipos, pela focalização e gotejamento de políticas sociais compensatórias e voltadas à expressão mais aguda da miséria absoluta.

O problema em si mesmo não são essas iniciativas que podem levar a uma "melhoria" de algumas condições pontuais nas quais os trabalhadores têm que sobreviver na ordem capitalista, mas seu caráter focalizado e pontual e o fato de que as bases em que se dão deixam intocado um aspecto estrutural: uma parte considerável da população ainda está fora dos reais benefícios da ordem burguesa capitalista e mesmo aqueles que se integram o fazem parcial e precariamente, ao mesmo tempo em que os setores dominantes aumentam seu poder e as garantias para a perpetuação da acumulação de capitais.

Em um balanço de seus dois mandatos, o ex-presidente Lula afirmava que:

> Fizemos uma coisa que eu considero muito importante: provamos que pouco dinheiro na mão de muitos é distribuição de renda e que muito dinheiro nas mãos de poucos é concentração de renda (Lula da Silva, 2013, p. 10)

É verdade, mas o que escapa ao ex-metalúrgico é que o resultado de seu governo sintetiza as duas coisas e não uma ao invés da outra. O governo de pacto de classes colocou pouco dinheiro na mão de muitos e muito dinheiro na mão de poucos o que resulta numa concentração de riquezas maior, e não menor, como se proclama. Os 10% mais ricos no final dos anos 1990 detinham 53% da riqueza nacional e passaram em 2012 a concentrar 75,4%, ao mesmo tempo em que o combate à miséria absoluta fez com que os 20% mais pobres tenham aumentado sua participação na riqueza nacional de menos de 2% para algo próximo de 4%. No caso dos trabalhadores mais pobres, isso representa de fato passar de uma sobrevivência com menos de um dólar ao dia, o que os colocava abaixo da linha da miséria absoluta, para a possibilidade de viver com três dólares ao dia, o que os coloca na miséria.

Na mesma entrevista, significativamente intitulada *O necessário, o possível e o impossível*, o ex-presidente revela a essência do pacto ao afirmar que a base de sua política é oferecer a possibilidade de uma renda aos mais pobres para aquecer o mercado interno e dessa forma incentivar a economia. Lula nos diz: "Foram milhões de pessoas com um pouquinho de dinheiro na mão, que começaram a dar estabilidade à economia brasileira" (idem, p. 11). E conclui, ao falar da "bronca" que a burguesia expressa contra o PT nos meios de comunicação:

> Eles [os donos dos meios de comunicação e grandes empresários] nunca ganharam tanto dinheiro na vida como ganharam no meu governo. Nem as emissoras de televisão, que estavam quase todas quebradas; os jornais, quase todos quebrados, quando assumi o governo. As empresas e os bancos também nunca ganharam tanto, mas os trabalhadores também ganharam. Agora, obviamente que eu tenho clareza que o trabalhador só pode ganhar se a empresa for bem. Eu não conheço, na história da humanidade, um momento em que a empresa vai mal e que os trabalhadores conseguem conquistar alguma coisa a não ser o desemprego (idem, p. 16).

Esse quadro se apresenta de forma paradoxal. A eficiência da democracia de cooptação leva à consolidação de uma hegemonia burguesa no Brasil, talvez pela primeira vez em nossa história, com uma sociedade civil-burguesa consolidada, um Estado Democrático de Direito e uma economia capitalista em condições de garantir, dentro da instabilidade e incontrolabilidade próprias desse modo de produção, patamares de acumulação de capitais razoáveis para as camadas dominantes. Por outro lado, os grandes problemas estruturais que estavam na base das demandas apresentadas pelo campo popular e as classes trabalhadoras nos anos 1980 e 1990 não encontram uma solução no quadro da atual forma econômica, social e política que se consolida com a chamada transição democrática, levando a tensões que aqui e ali explodem em situações dramáticas de crise social e insatisfação, como ficou evidente nas Jornadas de 2013.

Ora, nossa suposição é que isso não é um problema de incompletude da transição democrática, mas um efeito direto dela. O caráter instável do consenso e da hegemonia burguesa gera crises ou, mais precisamente, expressa as crises do capitalismo, e nelas dois elementos se reapresentam: de um lado, aprofunda-se o transformismo para sustentar a democracia de cooptação e de outro, vai se tornando mais evidente a presença do aspecto coercitivo. Não devemos nos surpreender.

Na mesma passagem citada de Gramsci quando nos fala do exercício normal da hegemonia nos períodos em que predominam a democracia e o funcionamento regular do sistema parlamentar, a coerção segue presente, só que agora o uso da força tem que aparecer apoiado "no consenso da maioria" e que seria expresso, segue o marxista italiano, pelos "chamados órgãos da opinião pública – jornais e associações" (Gramsci, 2007, p. 95)[8].

A forma política administra as ações de formação de consenso e de coerção que precisam se apresentar como legais e respaldadas pela maioria e para isso não é suficiente se apoiar na "opinião pública" formada e consolidada pelos aparelhos privados de hegemonia que atuam nessa área. Diz Gramsci, de forma esclarecedora:

> Entre o consenso e a força, situa-se a corrupção-fraude (que é característica de certas situações de difícil exercício da função hegemônica, apresentando o emprego da força excessivos perigos), isto é, o enfraquecimento e a paralisação do antagonista ou antagonistas através da absorção de seus dirigentes, seja veladamente, seja abertamente (em casos de perigo iminente) (idem, p. 95).

Tal processo, que Gramsci denomina "transformismo"[9], como afirmamos, é a condição que torna possível a democracia de cooptação, mas não pode ser confundido com uma consolidação da hegemonia burguesa no in-

---

[8] Órgãos de comunicação burgueses que Lula encontrou quebrados e se orgulha de ter dado condições de se reerguerem. Agora o petismo se espanta que tais aparelhos privados da hegemonia burguesa o ataquem e sirvam de trincheira a serviço da ordem burguesa contra o PT, acordando, depois de 12 anos ajudando os aparelhos burgueses, para a necessidade de "democratizar os meios de comunicação".

[9] Para Gramsci, o transformismo é "a absorção gradual mas contínua, e obtida com métodos de variada eficácia, dos elementos ativos surgidos dos grupos aliados e mesmo dos adversários e que pareciam irreconciliáveis inimigos" (Gramsci apud Coutinho, 2011, p. 318).

terior da qual estaria liquidada a contradição e a luta de classes. Pelo contrário, a natureza mesma do transformismo implica a absorção de lideranças e organizações, mas nunca é possível cooptar o conjunto da classe trabalhadora, mesmo nos cenários ideais de desenvolvimento, como foi a experiência do *Welfare State*.

Por isso, as classes dominantes pensam na guerra em tempos de paz, avançam na construção de um consenso favorável à manutenção da ordem capitalista ao mesmo tempo que mantêm à mão o porrete pronto para manter pela força sua ordem. As classes dominantes, ao contrário de alguns de nós, não têm ilusões quanto à capacidade de sua hegemonia substituir a luta de classes por harmonia.

Mesmo no quadro de uma consolidação da hegemonia burguesa, a contradição essencial de nossa sociedade encontra uma forma de se expressar. Se parte dos grupos dirigentes das classes trabalhadoras foi absorvida pelo transformismo, a contradição explodirá de forma desorganizada, em sua aparência espontânea. Costuma-se, nesses momentos de crise, desengavetar as determinações psicológicas. Trata-se de "insatisfação", "revolta não dirigida", "desconfiança", "pânico" etc. Tais discursos, que tentam compreender os mais elementares fenômenos de massa, são como "folhas de parreira" que tentam encobrir a nudez dos processos políticos, nos diz Gramsci (2007, p. 245). Afirma o pensador comunista:

> Dá-se o nome de 'psicológicos' aos fenômenos elementares de massa, não predeterminados, não organizados, não dirigidos de modo evidente, os quais assinalam uma fratura na unidade social entre governados e governantes. Através destas 'pressões psicológicas', os governados exprimem sua desconfiança nos dirigentes e exigem que sejam modificadas as pessoas e as diretrizes da atividade financeira e, portanto, econômica (Gramsci, 2007, p. 245).

Trata-se, continua o autor, de crise do grupo dirigente ou do bloco do poder, rachaduras em sua hegemonia por onde pode emergir a contradição sepultada sob a aparência do consenso. O Estado se funda e exige consenso, mas ele também educa um determinado consenso, molda as bases de um senso comum, mas há limites para esta ação. É difícil educar uma nova confiança, nos diz Gramsci (idem, p. 246), e em alguns casos é impossível e as classes dominantes sabem disso e mantêm seus meios de impor a ordem pela força.

A presença da coerção no Estado de Direito, a criminalização dos movimentos sociais, a brutal repressão contra a população pobre e negra, a manutenção da lei e da ordem contra aqueles que lutam contra a ordem não são, portanto, um resquício da ditadura que não logramos ainda superar – são, sob todos os aspectos, a expressão na forma política necessária das contradições que germinam na base da sociabilidade burguesa e capitalista. A criminalização da pobreza e dos movimentos de luta da classe trabalhadora é um elemento constitutivo da democracia burguesa, não um fator acidental ou casual.

O Estado burguês na forma ditadura transitou para o Estado burguês na forma de uma democracia. Tanto numa como em outra forma, os elementos de consenso e coerção estavam presentes, com ênfases diferentes, mas para atender ao mesmo fim: a perpetuação das condições que torne possível a acumulação de capitais. No caso do Brasil, a forma política necessária assumiu a feição de uma democracia de cooptação e a contradição encontrou sua forma de expressão nas grandes manifestações de massa de 2013, assim como se expressava e continua a se expressar na resistência dos trabalhadores em suas lutas.

Nesse cenário, o impasse se apresenta pelo fato de que vivemos a agonia de uma estratégia que esperava encontrar um caminho alternativo para o socialismo, buscando se diferenciar as formulações que lhe antecederam. A disputa de hegemonia não foi capaz de consolidar uma contra-hegemonia, manteve-se nos limites da hegemonia burguesa, da ordem legal instituída e do Estado burguês.

O caminho chamado alternativo revelou-se uma alternativa política de caráter pequeno burguês, no sentido que Marx (1851-1852) empresta ao termo[10]. Ocorre que como a essência da política pequeno burguesa é buscar a harmonia entre os interesses inconciliáveis da burguesia e do proletariado, no mo-

[10] "Quebrou-se o aspecto revolucionário das reivindicações sociais do proletariado e deu-se a elas uma feição democrática; despiu-se a forma puramente política das reivindicações democráticas da pequena burguesia e ressaltou-se seu aspecto socialista. Assim surgia a *social democracia*. [...] O caráter peculiar da social democracia resume-se no fato de exigir instituições democrático-republicanas como meio não de acabar com os dois extremos, o capital e o trabalho assalariado, mas de enfraquecer seu antagonismo e transformá-lo em harmonia. Por mais diferentes que sejam as medidas propostas para alcançar esse objetivo, por mais que sejam enfeitadas com concepções mais ou menos revolucionárias, o conteúdo permanece o mesmo. Esse conteúdo é a transformação da sociedade por um processo democrático, porém uma transformação dentro dos limites da pequena burguesia" (Marx, [1851-52], s/d, pp. 226-227).

mento da crise, ela acaba obedecendo aos anseios da lei e ordem evocando o interesse nacional acima das particularidades de classe, o que serve muito bem aos propósitos das classes dominantes. Como vimos em Gramsci, as classes dominantes precisam apresentar o uso da coerção como legitimado pela maioria e a pequena burguesia se presta a esse serviço de mascarar o interesse particular como se fosse universal.

A forma política encontrada revelou-se o caminho possível da consolidação da hegemonia burguesa e não um cenário favorável ao desenvolvimento de uma contra-hegemonia que apontasse na direção do socialismo. A sobrevivência do elemento coercitivo do Estado burguês é a expressão da contradição entre os interesses que seguem antagônicos ainda que sob o véu enganador da ideologia da conciliação de classes.

REFERÊNCIAS BIBLIOGRÁFICAS

ALMEIDA, Jorge; VIEIRA, Maria Alice; CANCELLI, Vitória (Orgs.). *Resoluções de encontros e congressos*. São Paulo: Fundação Perseu Abramo, Diretório Nacional do PT, 1998.

COUTINHO, Carlos Nelson. A democracia como valor universal. In: LÖWY, Michel (Org.). *O marxismo na América Latina*. São Paulo: Fundação Perseu Abramo, 2006.

______. *Contra a corrente*. São Paulo: Cortez, 2008.

______ (Org). *O leitor de Gramsci*. Rio de Janeiro: Civilização Brasileira, 2011.

CHAUÍ, Marilena. A questão democrática. In: ______. *Cultura e democracia*. São Paulo: Cortez, 1990.

DURIGUETTO, Maria Lúcia. *Sociedade civil e democracia: um debate necessário*. São Paulo: Cortez, 2007.

FERNANDES, Florestan. *A revolução burguesa no Brasil*. Rio de Janeiro: Zahar, 1975.

FIGUEIREDO, Argelina; LIMONGI, Fernando. Bases institucionais do presidencialismo de coalizão. *Lua Nova*, n. 44, 1998, pp. 81-106. Disponível em: http://www.scielo.br/scielo.php?script=sci_arttext&pid=S0102-64451998000200005.

GUEVARA, Ernesto. Cuba, exceção histórica? In: SADER, Eder (Org.) *Che Guevara*. São Paulo: Ática, 1981. (Coleção Grandes Cientistas Sociais).

______. Crítica da via pacífica? In: SADER, Eder (Org.) *Che Guevara*. São Paulo: Ática, 1981. (Coleção Grandes Cientistas Sociais).

GRAMSCI, Antonio. *Cadernos do cárcere*. Rio de Janeiro: Civilização Brasileira, 2007. v. 3.

______. *Escritos políticos*. Lisboa: Seara Nova, 1976. v. 1.

IASI, Mauro Luis. *Que país é este?* São Paulo: NEP 13 de Maio, mimeo., 1990.

LULA DA SILVA, Luiz Inácio. O necessário, o possível e o impossível. In: SADER, Emir (Org.). *Dez anos de governos pós-neoliberais*. São Paulo: Boitempo, 2013.

LAMOUNIER, Bolívar. E no entanto, se move: formação e evolução do Estado democrático no Brasil. In: ______ *et al. 500 anos de Brasil*. Rio de Janeiro: FGV, 1995.

MAQUIAVEL, Nicolau. *O Príncipe*. Bauru: Edipro, 2001.

MARX, Karl. Crítica ao Programa de Gotha [1875]. In: *Obras Escolhidas de Marx e Engels*. São Paulo: Alfa-Omega, s/d. v. 2.

______. O 18 de Brumário de Louis Bonaparte [1851-1852]. In: *Obras Escolhidas de Marx e Engels*. São Paulo: Alfa-Omega, s/d. v. 1.

NEVES, Victor. Um marxista na batalha das ideias: Carlos Nelson Coutinho e os caminhos da revolução brasileira. *Revista Praia Vermelha*, v. 22, n. 2, jan.-jun. de 2013.

SILVA, Golbery do Couto e. Conjuntura política nacional: o Poder Executivo: 1980. *Revista da Escola Superior de Guerra*, Rio de Janeiro, v. 1, n. 1, pp. 111-135, dez. 1993.

WEFFORT, Francisco. *Por que democracia?* São Paulo: Brasiliense, 1984.

Ecos do golpe no mundo da cultura

EDUARDO GRANJA COUTINHO

Para Ronaldo do Livramento Coutinho

Tudo isso significa, simplesmente, que o imperialismo controla a informação na área em que exerce o seu domínio.

[NELSON WERNECK SODRÉ]

"Ecos do golpe": a expressão sugere a permanência de formas culturais do período ditatorial em nossa sociedade. A metáfora sonora é ainda mais sugestiva se consideramos que há um som que ecoa há décadas na vida cultural brasileira: um som que, à maneira de um sino, anuncia a fala sagrada do mercado e o fim da história; que mantém os homens enquadrados, fazendo-os salivar como cobaias e prescrevendo suas reações a cada vez que reverbera em suas casas e locais de diversão; um som que, como diria Adorno, preenche os vazios do silêncio que se instala entre as pessoas deformadas pelo medo e pelo cansaço; som que, como um apito de fábrica, submete o lazer dos homens à lógica da produção capitalista; som que ritmou a implantação do regime ditatorial no Brasil, a repressão do movimento operário, a superexploração da força de trabalho, a intervenção do Estado na defesa dos interesses monopolistas nacionais e multinacionais, o aprofundamento da dependência econômica e política brasileira em relação aos EUA; som que poderia muito bem ser o tilintar das moedas na caixa registradora, mas que se apresenta inocente e intermitentemente – de 15 em 15 minutos há 50 anos – como um singelo e hipnótico plim-plim.

Esses sons do passado que, no dizer de Marx, oprimem como um pesadelo o cérebro dos vivos, são ecoados pelo moderno sistema de comunicações instaurado no Brasil durante a autocracia burguesa. A importância desses ecos – e desse sistema – poderá ser mais bem compreendida se tivermos em mente o significado de um fato com o qual eles estão intimamente associados: o golpe de abril.

A política cultural (mais eficaz) da ditadura

Como outros processos de transformação social ocorridos na história do Brasil, a ditadura civil-militar que se instalou com o golpe de 1964 pode ser compreendida como um processo de "modernização conservadora" (Barrington Moore Jr., 1975). Modernização que se deu "pelo alto", num quadro de conciliação com o atraso, seguindo aquilo que Lênin (e posteriormente Lukács) chamou de "via prussiana" e Gramsci, analisando o processo de unificação italiano (*risorgimento*), designou "revolução passiva" ou "revolução-restauração", expressão que sublinha os dois lados do processo: o desenvolvimento das forças produtivas e a conservação de elementos atrasados das relações de produção. Como assinala Carlos Nelson Coutinho,

> o progresso das forças produtivas e a modernização da estrutura social se fizeram [...] 'de cima para baixo', com a conservação do latifúndio, da dependência ao imperialismo, e, sobretudo, com a tentativa de marginalizar as forças populares das grandes decisões políticas nacionais (1980a, p. 57).

Ajustando estruturalmente o Estado brasileiro em proveito dos monopólios e multinacionais, o golpe de 1964 foi uma operação destinada a revolucionar as técnicas de acumulação do capital no Brasil e, ao mesmo tempo, afastar o fantasma do comunismo e do nacionalismo de esquerda que rondava a América Latina. A ditadura assumiu, assim, o caráter de uma "contrarrevolução preventiva" (Fernandes, 2006) que associava a explosão modernizadora (industrialização intensiva) com a "regeneração dos costumes" e a "estabilidade da ordem". Tratava-se, segundo Octavio Ianni, de romper com o padrão de desenvolvimento econômico nacionalista (getuliano), apoiado amplamente em bases populares e implicando uma política externa independente, e instaurar, sob a proteção militar, um padrão de desenvolvimento econômico associado subalternamente aos interesses imperialistas, de acordo com a "doutrina da interdependência" (1994).

A implantação do regime ditatorial é a condição política desse novo padrão econômico, na medida em que, por meio da repressão à classe trabalhadora, intensifica a exploração da força de trabalho e possibilita o incremento da taxa de lucro. Note-se, no entanto, que os Estados modernos, mesmo os mais truculentos, não são apenas burocracia e coerção: eles têm, como diria Gramsci, a função de criar junto à grande massa da população uma visão de mundo adequada aos interesses do capital, isto é, um determinado nível cultural e moral "que corresponde às necessidades de desenvolvimento das forças produtivas" (2007, p. 284). Isso significa que não foi somente pela força, pela repressão, pela censura que a autocracia burguesa garantiu o novo padrão de acumulação dos monopólios, mas também pela persuasão, pela hegemonia cultural, pela busca do consentimento ativo do dominado. A ditadura preocupou-se, e muito, com a cultura.

Pode-se dizer, com José Paulo Netto, que a política cultural da ditadura possuía duas faces: além de reprimir as vertentes intelectuais de esquerda que se contrapunham à ordem sociopolítica dos monopólios, ela induziu e promoveu a emergência de tendências culturais funcionais ao projeto conservador. Essa segunda face, organizacional, voltada para a criação e expressão da visão de mundo dos grupos dominantes, atuou de duas maneiras: a primeira, mais direta, refere-se ao incentivo das políticas culturais voltadas às produções da cultura popular e da cultura erudita através de órgãos como o IPHAN (Instituto do Patrimônio Artístico e Histórico Nacional) e a Funarte (Fundação Nacional de Arte, criada em 1975). A segunda – indireta, porém a nosso ver mais eficaz –, no sentido de propiciar a infraestrutura necessária para a

> emergência, no Brasil, de uma *indústria cultural*, concentrada e monopolizada, fazendo do espaço nacional um mercado unificado onde se enfrentam uns poucos monopólios que dominam e manipulam a produção e a distribuição de uma cultura de massas com as conhecidas características de conformismo e alienação (Netto, 2008, p. 49).

Se a face repressiva – e mais visível – dessa política cultural vigente após 1964 e, em particular, no período posterior a 1968, atuou no sentido de "quebrar a autonomia da sociedade civil e de reprimir o seu pluralismo" (Coutinho, 1980a, pp. 84-85), tão ou mais importante, contudo, foi o grande estímulo emprestado pela ditadura à expansão e à consolidação de uma poderosa indústria cultural. Aqui não se trata de quebrar a autonomia, mas de sequestrar a sociedade civil no momento mesmo em que o desenvolvimento capitalista gerava os pressupostos objetivos para o seu fortalecimento; não se trata de calar as massas, mas de organizar a sua cultura num sentido conveniente aos grupos hegemônicos. O estímulo do Estado à indústria da cultura se revelaria uma estratégia a longo prazo, uma vez que criou instrumentos de poder que sobreviveram à ditadura e reproduzem, ainda hoje, aquele viés elitista e conservador que de longe persegue a vida cultural no Brasil. Hoje, a censura prévia foi relaxada, mas o poder da mídia, como um entulho da ditadura, permanece avassalador. A despeito da enorme insatisfação existente na sociedade, das periódicas crises financeiras que afetam a população, é a mídia eletrônica o principal responsável pela estabilidade do Estado, garantindo as relações de produção e propriedade, criando e recriando, junto às massas humanas, o consenso necessário à dominação do capital. Isso não significa, é claro, que os aparelhos coercitivos não tenham importância para a "manutenção da ordem", mas que a própria ação repressiva do Estado é legitimada e sustentada pelos chamados órgãos formadores de opinião que, como diria Gramsci, modelam a vontade política nacional, desagregando os que discordam numa nuvem de poeira individual e inorgânica (2003, v. 3, p. 265). Se em 1964 a imprensa escrita foi importante para o golpe como um instrumento do grande capital, em 2014 o moderníssimo aparato comunicacional assume um protagonismo na vida político-cultural do país. Hoje, diria Umberto Eco, "um país pertence a quem controla os meios de comunicação" (1984, p. 165).

O capitalismo monopolista de Estado e a consolidação do sistema de telecomunicações

O momento de modernização do capitalismo industrial no Brasil foi também o de consolidação da indústria cultural. Consolidação que se deu em bases não só capitalistas (o que já vinha ocorrendo antes de 1964), mas, como observou Coutinho, cada vez mais monopolistas e mesmo monopolistas de Estado (1980b, p. 85). Marcada pela associação do grande capital nativo com o imperialista, a indústria cultural, monopolizada e centralizada, se beneficiou largamente da intervenção estatal. Neste, como em outros setores da economia, o Estado encarregou-se das atividades ditas estruturais, de modo a favorecer a iniciativa privada; cuidou das atividades que, "embora essenciais à reprodução material do capital global, apresentam (por causa da magnitude do capital fixo e do dilatado período de rotação) uma baixa lucratividade imediata" (CNC, 1980b, p. 97).

No Brasil, essa integração entre Estado e monopólio das comunicações se acentua após o golpe de 1964, mas é algo que se esboça como linha programática a partir da segunda metade da década de 1950. Data dessa época o esforço – hegemonizado pelos empresários dos meios de comunicação – de se regulamentar as telecomunicações e a radiodifusão no Brasil. Esse esforço alcança, finalmente, seus objetivos durante o governo João Goulart, quando o Código Brasileiro de Telecomunicações (CBT, de 1962) foi aprovado pelo Congresso. O CBT definiu uma política setorial que separou as atribuições do Estado e da iniciativa privada. Na prática, coube ao setor público a dispendiosa expansão da infraestrutura e dos serviços, enquanto à iniciativa privada foi reservado o filé-mignon, isto é, o direito de explorar a indústria do rádio e da televisão.

As diretrizes estabelecidas pelo CBT para a expansão do sistema nacional de telecomunicações encontrou respaldo no planejamento oficial dos governos ditatoriais, que o aplicaram integralmente, agora sem qualquer oposição antimonopolista e anti-imperialista, uma vez que o golpe de 1964 quebrara as resistências políticas a esse processo de integração entre o Estado e o capital monopolista.

Os governos militares implementaram uma política modernizadora nas telecomunicações, priorizando a instalação de uma rede de troncos de microondas que, integrado a um sistema de comunicação via satélite (INTELSAT, 1969), pudesse interligar todo o território nacional. Esse sistema, além de atender aos objetivos militares de "integração e segurança nacional" e possibilitar a conexão entre os principais centros do capitalismo brasileiro, beneficiava particularmente as empresas de radiodifusão (rádio e TV) e a indústria de equipamentos – normalmente estrangeira – encarregada de suprir o aparato tecnológico necessário ao funcionamento do sistema. Desde a famosa e famigerada Instrução 113 da SUMOC que esse investidor estrangeiro era favorecido pelas leis nacionais, que o permitiam importar bens de equipamento à taxa do mercado livre.

Do ponto de vista dos interesses privados, a empreitada nas telecomunicações foi um sucesso. Com o dinheiro público, a autocracia burguesa criou a estrutura de uma rede nacional de telecomunicações de alcance continental a ser explorada pelos monopólios. Foi um êxito tão grande que quando essa estrutura já estava montada, não exigindo grandes investimentos que inviabilizassem a lucratividade imediata, foi ela própria transferida para as mãos da iniciativa privada. O CBT vigorou até julho de 1997, quando, no governo Fernando Henrique Cardoso, foi aprovada a Lei Geral das Telecomunicações (LGT), que privatizou o sistema. Claro, com o apoio publicitário dos monopólios da comunicação, que cresceram às suas custas e agora davam sustentação à ação privatista do Estado.

The Globe

Ao mesmo tempo em que criava as condições estruturais para o livre desenvolvimento de um robusto sistema de radiodifusão, a ditadura favoreceu a formação de oligopólios e a desnacionalização dos meios de comunicação no Brasil. Nesse momento, os trustes internacionais, que há décadas controlavam a imprensa brasileira por meio de verbas publicitárias, encontraram, com o assentimento do Estado autoritário, formas mais diretas de controle da mídia. Observou-se a "substituição de uma imprensa controlada do exterior por uma genuína imprensa estrangeira, sem mais disfarce algum" (Sodré, 1983, p. 437). Multiplicavam-se as publicações norte-americanas editadas em português no Brasil: Capricho, Manequim, Mickey, Pato Donald, a exemplo das já antigas Visão e Seleções (The Reader's Digest), essa última responsável por "um dos mais suspeitos, sujos e parciais relatos já escritos sobre os acontecimentos que levaram à ditadura no país" (ibid.). Grandes jornais e revistas dos Estados Unidos, "subvencionados por poderosos consórcios dedicados à indústria de armamentos bélicos" (ibid.), encontraram no regime ditatorial brasileiro um dócil aliado. "O imperialismo, depois de dominar o mercado de coisas materiais, procura dominar o mercado da opinião e, assim, depois que se instala, instala a *sua* imprensa" (ibid., p. 438).

Mas como a legislação brasileira não permitia nenhuma participação de capital estrangeiro, ou mesmo de estrangeiros na área das comunicações, não foram raros no Brasil os casos de jornais, oficinas gráficas, editoras de livros, emissoras de rádio e estações de TV controlados por grupos estrangeiros por testas de ferro, que acobertavam a presença do sócio legalmente impedido. Dentre esses casos, o mais relevante, por sua amplitude e consequências para a nossa vida cultural, é certamente o das ligações da TV Globo com o consórcio norte-americano Time-Life Broadcast International Inc. Não estamos falando de nenhuma novidade. Limitamo-nos aqui a citar algumas fontes já bastante conhecidas, notadamente o pioneiro e corajoso trabalho acadêmico de Daniel Herz, *A história secreta da Rede Globo*.

Em julho de 1962, quando os Estados Unidos articulavam o golpe militar no Brasil, foram assinados dois contratos entre o grupo Time-Life e as Organizações Globo (proprietária à época do jornal O Globo e da rádio Globo); contratos que permitiam a transferência de capital norte-americano para a empresa de Roberto Marinho, além de acesso a informação privilegiada sobre métodos de gestão no setor televisivo e "assistência técnica".

No Brasil e em outros países da América Latina, a estratégia da Time-Life – "grupo da linha mais reacionária e mais retrógrada do Partido Republicano, exclusivamente interessado em manter, em países como o nosso, bases anticomunistas" (João Calmon apud Herz, 1989, p. 93)[1] – era bastante clara. Partindo do reconhecimento de que o grupo norte-americano não podia controlar administrativa e intelectualmente canais de televisão nessa região devido às leis dos respectivos países sobre telecomunicações, Weston

[1] Essa e outras citações foram extraídas do corajoso livro de Daniel Herz, *A história secreta da Rede Globo*, que serviu como base do documentário da BBC *Brazil: muito além do Cidadão Kane* (1993), de Simon Hartog, que tem como tema o monopólio dos meios de comunicação exercido pela Rede Globo e a sua influência na vida política e cultural brasileira.

Pullen Jr., cossignatário de Roberto Marinho nos contratos, sustenta que era indispensável ter sócios locais de confiança. Pullen diz ainda que o governo norte-americano poderia e deveria interessar-se por esse tipo de expansão por parte de grupos norte-americanos como um meio de atingir o povo desses países (Conferência de Weston Pullen Jr. citada por Carlos Lacerda em depoimento à Câmara dos Deputados apud Herz, 1989, p. 126).

Para instalar a "sua" mídia no Brasil, além dos "sócios locais de confiança", as corporações norte-americanas contaram com a mediação e o aval de homens influentes da ditadura, dentre eles o todo-poderoso Roberto Campos, cujas ligações com o grupo norte-americano Vision Inc., que editava no Brasil – ao arrepio da lei – a já citada revista Visão, são conhecidas (vf. Herz, 1989, p. 172). Roberto Campos foi peça fundamental na estratégia de implantação de grupos estrangeiros na área da comunicação. Lembre-se que "a assinatura dos contratos Globo/Time-Life e as primeiras remessas de dólares ocorreram quando ainda era embaixador brasileiro em Washington" (Herz, 1989, p. 171). Mais tarde, quando ministro do Planejamento do governo Castelo Branco, Campos assumiu publicamente posições favoráveis à presença do capital estrangeiro nas telecomunicações brasileiras, fazendo vistas grossas para esse tipo de parceria com empresas norte-americanas (Herz, 1989, pp. 169-173).

Com o beneplácito da autocracia, a TV Globo recebe um aporte financeiro ou, como diz no contrato, uma "contribuição" de US$ 6 milhões (até então, a maior televisão brasileira tinha um capital de US$ 300 mil). Ou seja, a Globo já nasce 20 vezes maior do que a sua principal concorrente. Herz observa que "esse negócio era feito entre uma empresa que tinha um capital de mais de US$ 2 bilhões, o grupo Time-Life, e a Globo, com pouco mais de US$ 200 mil. *Time-Life tinha um capital dez mil vezes maior que o da Globo*" (Herz, 1983, p. 195, grifo nosso). Por meio desse contrato, O Globo – ou, como diria José Paulo Netto, *The Globe* – teve o seu capital inicial multiplicado por trinta.

É evidente que essa "contribuição" colocava a empresa de Roberto Marinho sob a influência dos norte-americanos. De 1965 a 1980, um assessor chamado "Joe" Wallach, representante da Time-Life no Brasil, encarregado da intermediação da remessa de dólares, era quem mandava de fato na empresa, pois representava "um credor de cinco milhões e 129 mil dólares" (Calmon apud Herz, p. 143).

Nesse negócio, segundo Lacerda, não apenas a Globo foi testa de ferro dos setores monopolistas norte-americanos, mas a própria Time-Life era fachada de grandes empresas imperialistas.

> Time-Life representa, na realidade, nessa operação, um biombo de grupos interessados em se apossarem da nossa economia. Este é que é o ponto. Não se trata das revistas Time-Life. É que através do grupo Time-Life, que se apossou do uso e gozo do canal de televisão 'O Globo', estes grupos podem intervir agora na opinião pública brasileira (apud Herz, p. 182).

Em abril de 1965, três anos após a assinatura do contrato com a Time-Life e exatamente um ano após o golpe, a TV Globo foi inaugurada. Nesse mesmo ano, o acordo foi questionado por deputados federais. Em 1966, foi oficialmente criada uma CPI para investigar a infiltração de capitais estrangeiros em empresas de comunicação no Brasil e a entrega da direção dessas empresas a estrangeiros ou testas de ferro seus. Por unanimidade, a CPI aprovou o seguinte parecer:

> Os contratos firmados entre a TV Globo e Time-Life ferem o artigo 160 da Constituição, porque uma empresa estrangeira não pode participar da orientação intelectual e administrativa de sociedade concessionária de canal de televisão; por isso sugere à empresa faltosa a punição legal pela infringência daquele dispositivo constitucional (apud Herz, p. 183).

Apesar do parecer desfavorável, a emissora não sofreu nenhum tipo de punição. Em sintonia com os grupos hegemônicos envolvidos no processo de implantação da TV Globo, o consultor-geral da República emitiu um parecer considerando que não havia uma sociedade entre as duas empresas, nem ocorreu interferência intelectual ou administrativa da empresa norte-americana sobre a brasileira. Com isso, a situação da TV Globo foi oficialmente legalizada. O contrato com a Time-Life foi encerrado em 1971.

Importa perceber que o apoio do grupo Time-Life permitiu à TV Globo explorar com antecedência e em condições financeiras privilegiadas a nova estrutura de telecomunicações criada pela ditadura para o desfrute dos monopólios. Graças a esse acordo com o grupo Time-Life, em apenas quatro anos, entre 1965 e 1969, a Globo – e com ela o grande capital monopolista e multinacional – passou a dominar o mercado audiovisual brasileiro. É assim que, por meio de fachadas, testas de ferro e um governo fantoche, o imperialismo aprofundou o seu controle sobre a informação no Brasil.

Certo, a Globo não foi o único meio de comunicação a apoiar o golpe e os governos militares. A maior parte da imprensa brasileira conspirou contra o governo de Goulart e festejou a sua deposição, a começar pelos Diários Associados que, desde os anos 1920, expressou os interesses do imperialismo no país. Ocorre que, dentre todos esses jornais, rádios e estações de TV que conclamaram as Forças Armadas a lutar contra a "comunização" do Brasil – Folha de São Paulo, Jornal do Brasil, O Estado de São Paulo, Correio da Manhã etc. –, coube à Globo receber o vultoso investimento que lhe permitiu dominar a audiência da televisão e o mercado publicitário durante a ditadura. Foi a TV de Marinho, sem dúvida, a grande beneficiária dos investimentos públicos nos troncos de micro-ondas e da comunicação via satélite.

A Globo e, de um modo geral, a mídia eletrônica tiveram grande expansão no período autoritário, transformando-se no principal instrumento ideológico da autocracia burguesa. Sua programação, além de propagandear as ideias do regime, veiculando mensagens propriamente políticas, cuja tônica era a ideia de "segurança nacional" e de "luta contra o comunismo"[2], tinha o propósito de criar uma cultura de massas conformista, alienante, apaziguadora. Assim, alternavam-se programas de televisão de caráter reacionário – como Amaral Neto (jocosamente chamado pela esquerda de "Imoral Nato"), enaltecendo as grandezas do país e destilando ódio contra comunistas – e programas de entretenimento que desviavam/ desviam a atenção das massas das contradições sociais e de sua própria história, realizando aquilo

---

[2] Em 1975, a TV Globo leva ao ar uma espécie de documentário-exaltação do regime militar intitulado *Brasil, ontem, hoje e amanhã*. O filme, na verdade uma propaganda do governo, é narrado pelo apresentador do Jornal Nacional da Rede Globo, Cid Moreira, o que por si só reflete a identidade entre a Globo e a ditadura. A mensagem publicitária do governo e os interesses das multinacionais confundiam-se com a opinião da própria Globo. Essa foi uma característica dos telejornais da emissora. O documentário, em tom sensacionalista, tenta mostrar como, em 1964, o Brasil foi salvo pelas Forças Armadas, "chamadas, praticamente intimadas a cumprir a missão que o momento lhes impunha, restabelecendo a ordem e livrando o país dos trapos vermelhos que ameaçavam sufocá-lo".

que Lukács chamou de "apologia indireta do existente" (pense-se nas novelas, nos programas humorísticos, no futebol, nos enlatados norte-americanos, nos desenhos infantis etc.). Era preciso – e os homens da Time-Life sabiam disso – conter a efervescência de uma cultura revolucionária que florescia desde os anos 1950 sob a influência do ISEB, da canção de protesto, do Cinema Novo e dos Centros Populares de Cultura da UNE; pôr fim àquela *relativa hegemonia cultural da esquerda no país* de que fala Schwarz (2009), apagar a memória do povo brasileiro, fragmentar sua consciência, sufocar sua identidade.

O entulho autoritário no terreno da cultura

O advento da Nova República, em 1985, não significou uma mudança considerável no padrão de relacionamento entre o Estado e a mídia. O sistema de comunicação de massa resultante dos 20 anos de ditadura militar manteve-se intacto. Apesar de a Assembleia Constituinte ter aprovado, em 1988, uma legislação de comunicação bastante progressista, determinando, por exemplo, que "os meios de comunicação social não podem, direta ou indiretamente, ser objetos de monopólio ou oligopólio" (art. 220), esses artigos até hoje não foram regulados pelo Congresso Nacional. Sob pressão dos grandes meios, os sucessivos governos – mesmo o do Partido dos Trabalhadores – não tomaram medidas significativas contra o monopólio da mídia no Brasil. Hoje, como se sabe, sete grupos controlam 80% de tudo o que é visto, ouvido e lido no país. Nesse oligopólio, constituído pelas famílias Civita, Abravanel, Frias, Saad, Mesquita e pela Igreja Universal, a Rede Globo, da família Marinho, continua sobressaindo-se com grande destaque. Ela é hoje a segunda maior rede de TV comercial do mundo, com 122 emissoras próprias ou afiliadas, além de estações de rádio, jornais, revistas, gravadoras, editoras, sites, produtora de cinema etc.

Esse enorme poder de criar e destruir consenso faz das Organizações Globo a principal força política do país. Seu poder parece, inclusive, ter aumentado após a chamada "transição democrática", quando a sociedade política (aparelhos coercitivos) cedeu espaço à sociedade civil (aparelhos de hegemonia). Ocorre que essa nova sociedade civil que floresceu com a abertura foi imediatamente sequestrada pela mídia eletrônica, em detrimento dos outros meios de organização da cultura, fragilizados durante a ditadura – escola, partidos, sindicatos etc. Hoje, no Estado democrático, o principal aparelho de hegemonia é justamente aquele que foi gestado pelo capital monopolista desde os primórdios da autocracia burguesa. Se esse aparelho sobreviveu à ditadura, isso tem a ver com o fato de que a transição para a democracia, como outras transições na história brasileira, se deu "pelo alto", sem transformações significativas na estrutura de poder. Assim, não tendo sido destruído por um processo de mudança social a partir "de baixo", o sistema de comunicações da ditadura é uma garantia de conservação do poder das velhas elites, mesmo após os militares terem voltado aos quartéis.

Fiel às suas origens, a Globo permanece, assim, como a principal herança do período autocrático no campo da cultura. Reverberam ainda, no espectro eletromagnético das telecomunicações brasileiras as vozes autoritárias do passado. Não é à toa que, durante as Jornadas de Junho de 2013 – quando a população foi para as ruas reclamar dos investimentos do Estado na Copa do Mundo da FIFA em detrimento dos serviços públicos como educação, saúde, transporte, moradia – uma das palavras de ordem mais cantadas por centenas de milhares de pessoas em todo o Brasil foi: "A verdade é dura: a Rede Globo apoiou a ditadura".

Nesse momento, pressionada pelas ruas, a Globo realizou uma autocrítica pelo que ela chamou de "apoio editorial" à ditadura. Ora, como vimos, não se tratou de um simples apoio editorial: *a Globo foi a alma da ditadura civil-militar brasileira* e permanece como um enclave no Brasil das mesmas forças que promoveram o golpe de abril. Nesse editorial, a Globo tenta se explicar em vão, pois desconsidera deliberadamente um dado fundamental: o seu protagonismo no processo da autocracia burguesa[3]. Reafirmando estranhamente o seu "incondicional e perene apego aos valores democráticos", a autocrítica da Globo é mais uma peça publicitária, pois naquele exato momento ela tratava de defender os interesses do grande capital (FIFA, donos de empresas de ônibus, empreiteiras etc.), criando uma opinião pública favorável à repressão aos movimentos sociais.

Contudo, para o povo brasileiro, é importante observar que a permanência na nossa vida cultural de um sistema de comunicação em sintonia

---

[3] Também na minissérie *Anos rebeldes*, a Globo tentou retratar de forma supostamente crítica a ditadura militar, sem sequer mencionar, no entanto, o papel que ela própria teve nesse processo.

com as grandes corporações transnacionais tem como contrapartida uma tradição de luta contra o monopólio das comunicações em nosso país – a permanência da crítica e da resistência a esse sistema. Desde o dia 1° de abril de 1964, quando o jornal de Roberto Marinho deixou de ser publicado pela ação de forças leais ao presidente deposto, até hoje (março de 2014), quando os garis, em greve, expulsaram pacificamente de sua manifestação um carro da TV Globo, com gesto de adeus e palavras de ordem, houve reações esporádicas à intervenção da Rede Globo no processo político brasileiro. Durante as greves do ABC paulista, na campanha pelas Diretas, nos processos eleitorais, a emissora vem sendo hostilizada nas ruas por manifestantes populares. Nos últimos meses, no entanto, pode-se dizer que essa crítica se apoderou de amplos setores da sociedade: pela primeira vez nos últimos 50 anos a Globo viu arranhada a sua hegemonia. Registraram-se manifestações multitudinárias contra a emissora na maioria das capitais e grandes cidades brasileiras. Nesse momento, a sociedade parece ter se dado conta de que qualquer manifestação pela vida, pela justiça social, pela democracia é, antes de tudo, uma manifestação contra a Rede Globo.

REFERÊNCIAS BIBLIOGRÁFICAS

Apoio editorial ao golpe de 1964 foi um erro. *O Globo*, Rio de Janeiro, 31 ago 2013.

COUTINHO, Carlos Nelson. "Cultura e democracia no Brasil". In: ______. *A democracia como valor universal*. São Paulo: Livraria Editora Ciências Humanas, 1980a.

______. "O capitalismo monopolista de Estado no Brasil: algumas implicações políticas". In: ______. *A democracia como valor universal*. São Paulo: Livraria Editora Ciências Humanas, 1980b.

ECO, Umberto. *Viagem na irrealidade cotidiana*. Rio de Janeiro: Nova Fronteira, 1984.

FERNANDES, Florestan. *A revolução burguesa no Brasil: ensaios de interpretação sociológica*. 5 ed. São Paulo: Globo, 2006.

GRAMSCI, Antonio. *Cadernos do cárcere*. 3. ed. Rio de Janeiro: Civilização Brasileira, 2007. v. 3.

HERZ, Daniel. *A história secreta da Rede Globo*. São Paulo: Ortiz, 1989.

IANNI, Octavio. *O colapso do populismo no Brasil*. 5. ed. Rio de Janeiro: Civilização Brasileira, 1994.

MOORE JR., Barrington. *As origens sociais da ditadura e da democracia: senhores e camponeses na construção do mundo moderno*. São Paulo: Martins Fontes, 1975.

NETTO, José Paulo. "A autocracia burguesa e o 'mundo da cultura'". In: ______. *Ditadura e serviço social: uma análise do serviço social no Brasil pós-64*. 12. ed. São Paulo: Cortez, 2008.

SCHWARZ, Roberto. *Cultura e política (1964-1968)*. 3. ed. São Paulo: Paz e Terra, 2009.

SODRÉ, Nelson Werneck. *História da imprensa no Brasil*. 3. ed. São Paulo: Martins Fontes, 1983.

O poder mole da ditadura

MUNIZ SODRÉ

Em 1965, eu me preparava para sair do país com uma bolsa da *Coopération Technique* francesa. Ia fazer mestrado num assunto para mim ainda nebuloso, mas atraente, rubricado como "Comunicação". Impelido da Bahia para o Rio pela tempestade do golpe de Estado, eu trabalhava na época como jornalista e me tocou fazer uma reportagem sobre os cinco anos de Brasília. Lá me ocorreu procurar o Departamento de Comunicação (ou Jornalismo, não lembro mais), pois eu tinha sido informado da presença de gente brilhante, que poderia dizer coisas interessantes sobre a infante capital do país. Era, enfim, um item a mais, coisa rotineira, em pauta de reportagem grande.

Eu ainda não estava a par da *razzia* militar contra a nascente e original Universidade de Brasília, fui recebido por um coronel todo sorrisos. Para quem não sabe, no âmbito das relações públicas, predominavam os "oficiais-sorrisos", o oposto do que eles próprios designavam como "oficiais-carrancas", aqueles com cara de quartel. Era o que no Império se chamava "deitar azeite por um olho e vinagre pelo outro". Em delegacia de polícia, numa escala menor, sempre foi a tática de interrogatório – jogo duro/jogo mole – em que o tira mau é alternado pelo bonzinho.

Emoliente, o coronel tresandava civilidade entre baforadas de um cachimbo elegante. Contei-lhe que pretendia frequentar em Paris as sessões do *Centre d'Études des Communications de Masse*, onde pontificava gente como Roland Barthes. "Ah, o famoso CECMAS", comentou e mais não disse. Relatou-me um ou dois clichês sobre o comportamento dos habitantes de Brasília e ficamos por aí. Era, parece-me, além de chefe do departamento esvaziado da *intelligentsia*, professor de relações públicas. Tinha o *physique du rôle*: o sorriso inexorável, o cachimbo, a vaselina na fala. Não tinha cara de quem tivesse lido ou entendido alguma coisa do que se debatia na Sexta Seção da *École Pratique des Hautes Études*, mas sabia de sua importância. Relações públicas, sem dúvida.

Por que relato episódio tão pequeno? Não certamente por autobiografia, mas porque nele se encontra o índice de um fato maior, que lança alguma luz sobre as relações do regime militar com o fenômeno incipiente da comunicação de massa no Brasil.

Neste aspecto, a questão da universidade é mínima, embora significativa. Isto porque evidenciava a percepção dos militares, certamente ventilada em seus estudos superiores de estratégia e possivelmente marcada pelo prestígio do rádio no contexto da Segunda Guerra Mundial, sobre a relevância dos meios de comunicação como recursos de guerra psicológica ou como instrumentos anti-ideológicos.

Pouco mais de dois anos depois, o marechal-presente Castelo Branco assinaria o decreto de criação das escolas de comunicação no país (recém-retornado da França, eu participaria da elaboração do currículo de duas delas). Os luminares da caserna estavam atentos à emergência do fenômeno da cultura de massa e parecia reinar entre eles o secreto consenso de que daí viria uma ciência social aplicada, capaz de neutralizar, quem sabe, as especulações "subversivas" do pensamento social clássico, transmitido em institutos de filosofia, cursos de sociologia, de ciência política etc. Depois, não eram apenas especulações, aquele pessoal ia às ruas e falava alto.

Mas quando digo que este aspecto é mínimo, embora culturalmente significativo, estou me referindo a interesses maiores – e mais antigos – do poder de Estado, relativos tanto ao controle da parcela da opinião pública visada pela imprensa tradicional quanto ao espectro potencial da massa heterogênea a ser abrangida pelas novas tecnologias da comunicação. O que já estava sinalizado pelo rádio desde os anos 1930 corroborava-se com o despontar da televisão ao lado do avanço das telecomunicações. No início dos anos 1970, era tema para discussões a desmobilização dos setores populares pela tevê, como teria acontecido no Chile na época de Salvador Allende.

Até então, o relacionamento do Estado com a corporação jornalística no Brasil transcorria no quadro genérico do poder patrimonialista. Conforme a clássica análise de Faoro[1], o patrimonialismo apresenta-se como um tipo de domínio do Estado – mais flexível do que o patriarcalismo e menos arbitrário

[1] FAORO, Raymundo. *Os donos do poder: a formação do patronato político brasileiro*. Rio de Janeiro: Livraria José Olympio Editora, 1962. 2 v.

do que o sultanismo – por uma comunidade política que comanda os negócios, mesmo quando estes são inicialmente públicos, como ações de natureza privada ou familiar. O favor, o jeitinho e o compadrio são táticas correntes desta forma de poder. Ideologicamente, o todo está assentado no *tradicionalismo* (o passado justifica atemporalmente o presente), que incorpora os mecanismos de produção do capitalismo sem abrir-se para as formas modernas de propriedade.

Decorre deste tipo de domínio – a aliança patrimonialista do Estado com uma camada social de características comunitárias ou familiais – a estrutura da mídia persistente até hoje na realidade brasileira. Nos bastidores dessa aliança, os governos da Primeira e da Segunda República manejavam verbas secretas, sob as aparências de "matérias pagas", para a imprensa situacionista. Mas a natureza da aliança patrimonialista sempre comportou ambiguidades no relacionamento entre os eventuais detentores do poder de Estado e os órgãos relativamente autônomos da imprensa que, por representarem ideologicamente interesses de frações diferenciadas das classes dominantes, podiam às vezes fazer frente a governos específicos ou aliarem-se a causas liberais.

Deste modo, mesmo quando muito conservador, um órgão de imprensa não deixava de refletir questões públicas, geralmente decisivas quanto aos rumos da nação. Por exemplo, a abolição da escravatura (de cuja campanha participou a maioria dos jornais provinciais) e a criação da República foram impulsionadas pela imprensa, o que deu ao jornalismo um papel importante na formação de uma cultura política no Brasil. Um dos bastiões do conservadorismo, o jornal O Diário de São Paulo (que passou a se chamar O Estado de São Paulo em 1889), apesar de ter, na época, a menor circulação do país, teve participação política ativa e importante nas causas abolicionista e republicana.

Houve, além disso, longos períodos de choque entre as corporações jornalísticas e governos. Como relata Capparelli, "esse caráter de quase oposição aberta ao governo do período Vargas, em 1953, de quase ruptura no governo de Jânio Quadros – quando a nova legislação reduzia para três anos o prazo para revisão das concessões das emissoras de televisão e rádio – e de oposição frontal a Goulart – quando o movimento reivindicativo atingiu também a indústria da informação, com as primeiras greves – só arrefeceu com o golpe de 1964, quando sobreveio a trégua"[2]. Toda a grande imprensa

---

2 CAPPARELLI, Sérgio. *Televisão e capitalismo no Brasil*. Porto Alegre: L&PM Editores, 1982, p. 154.

apoiou o golpe de Estado. A oposição de alguns jornais retornaria em 1968, após a edição do AI-5.

Por outro lado, a imprensa mais independente ou combativa originava-se de agrupamentos político-partidários, em muitos casos com objetivos reformistas e até mesmo revolucionários. Em ambos os casos, porém, o jornalismo era ideologicamente conotado como uma instituição "quase-pública", geradora da informação necessária ao cidadão para o pleno funcionamento da democracia. Decorre daí toda a mitologia do jornalismo como crítica ideológica ou como artefato discursivo de combate, que permeia a memória coletiva e as reminiscências individuais de membros da corporação jornalística.

E aí ancora uma já antiga ideologia comunicacional, segundo a qual a atividade jornalística decorreria de princípios éticos inscritos na Declaração Universal dos Direitos do Homem e do Cidadão, em especial no seu artigo segundo, relativo ao direito civil de liberdade de expressão. A imprensa tradicional levanta com frequência a bandeira dessa inflexão ética e ainda mais alto quando entra conjunturalmente em choque com regimes políticos autoritários.

Mas essa autonomia relativa reivindicada pela imprensa escrita esmaece no caso das comunicações eletrônicas, apesar da continuidade da aliança. É que o advento da era eletrônica dá-se sob o olhar atento da Doutrina de Segurança Nacional, para a qual se torna imprescindível realizar a integração ideológica do país. Em termos práticos, integração ideológica é a implantação de uma "moral nacional", naturalmente definida pela moralidade oficial.

Por isso, apesar de não ser de conhecimento amplo da população, rádios e TVs abertas no Brasil operam com concessões públicas: o conteúdo transmitido pelo rádio e pela TV trafega pelo ar, no chamado espectro eletromagnético, como um bem público. Para transmitir sua programação, as emissoras precisam, portanto, de uma autorização do Estado, embora seja utilizada para fins privados.

Há, assim, uma continuidade nas formas de controle dos meios técnicos de comunicação social pelo Estado, sempre permeada pela aliança que caracterizamos, na trilha teórica de Faoro, como "patrimonialista". Depois da imprensa escrita, o rádio começara a ter relevância pública nos anos 1930. A sua potência política foi testada no episódio da mobilização da população paulista para a Revolução Constitucionalista (1932). Alertado por esse fato, Vargas criou em 1935 a Rádio Jornal do Brasil para servir à propaganda política do regime. E em 1940, a ditadura apropriou-se da Rádio Nacional do Rio de Janeiro, transformando-a em veículo oficial do Estado Novo.

Mas já em 1931, a radiocomunicação tinha sido regulamentada. Trata-se do Decreto n. 20.047, um ato importante para o histórico das políticas públicas de comunicações no Brasil, porque fixou critérios como o de que os serviços ali descritos "são da exclusiva competência da União". Além disso, normatizou o processo de concessões; garantiu o direito autoral; criou a Comissão Técnica de Rádio, formada por três profissionais para o estudo das questões de caráter técnico, sugestão de medidas e coordenação das frequências. E ainda adiantou-se, ao dizer que "constituem serviços de radiocomunicação, a radiotelegrafia, a radiotelefonia, a radiofotografia, a *radiotelevisão*, e quaisquer outras utilizações de radioeletricidade, para a transmissão ou recepção, sem fio, de escritos, sinais, imagens ou sons de qualquer natureza".

Um ano depois, outro decreto regulamentaria o do ano anterior, definindo importantes pontos que perduraram pelas três décadas seguintes: estabeleceu prazo de concessões de dez anos; um mínimo de 2/3 de diretores brasileiros para empresas nacionais; que as emissoras deviam ter uma orientação educacional; que o tempo máximo de publicidade em um programa devia ser de 10%, sendo que cada inserção não podia passar de 30 segundos e deviam ser intercaladas; e criava ainda uma escola profissionalizante para técnicos e operadores de rádio.

Em fins dos anos 1940, começaram os preparativos para a chegada da televisão, já consolidada nos Estados Unidos. Em 1946, fizeram-se as primeiras experiências de transmissão televisiva pela Rádio Nacional, mas a iniciativa não ultrapassou os limites técnicos. *Um fato raro nas políticas de comunicações no país foi a regulamentação da televisão antes mesmo de sua inauguração.* Em 1949, foram estabelecidas as normas para a utilização da frequência VHF, definindo-se o modelo de 12 canais para o serviço de televisão. O lançamento da TV Tupi de São Paulo só ocorreu em 18 de Setembro de 1950 por conta do empresário Assis Chateaubriand.

Não se trata aqui de fazer uma história da comunicação, que é bastante trabalhada por vários autores atuais. O que estamos procurando enfatizar é que *a comunicação por ondas hertzianas, diferentemente da imprensa escrita, era preocupação de Estado, mais do que de governo.* Tanto que a radiodifusão opera sem critérios claros e com privilégios estranhos a um sistema democrático, já que a lei de definição das concessões públicas vale para todas as modalidades de serviço, exceto a radiodifusão. Há uma concentração dessa atividade entre empresários e políticos, em que estes últimos costumam ditar regras e não cumprir o que tinha sido legalmente previsto. É mínima a participação da sociedade no debate sobre a concessão e renovação das outorgas, que acontece sem responder a qualquer critério público.

Esse estado de coisas centralizador e autoritário foi legalmente sacramentado após a criação do Código Brasileiro de Telecomunicações (CBT) em 1962, quando os serviços de radiodifusão passam a ser considerados de interesse público e o espectro de radiofrequência torna-se um bem público, limitado e natural, o que garantiria ao Estado (no âmbito do Poder Executivo Federal) organizar a radiodifusão, além de gerir e conceder as outorgas de acordo com os interesses supostamente brasileiros. A lei que instituiu esse código foi a mesma que autorizou a criação da Empresa Brasileira de Telecomunicações (Embratel), a responsável pela implantação da tecnologia de micro-ondas, ou seja, a ligação do país inteiro por meio de sinais de rádio e televisão. Nesse mesmo contexto, o governo Goulart também criou o Conselho Nacional de Telecomunicações (Contel).

Como se pode inferir, radiodifusão e telecomunicações eram assuntos de Estado e não objetos eventuais de governos, embora estes não escondessem as suas disposições de ingerência nos conteúdos veiculados. Por exemplo, o último ato de Jânio Quadros para o setor, antes de renunciar à presidência, restabelecia a censura prévia e ditava uma série de normas como a proibição de cenas de sensacionalismo e preconceito, cenas de atores com maiô ou peças íntimas, mesmo em comerciais.

Em 1964, com o golpe militar, o governo sistematiza o cerco sobre os meios de comunicação. Por meio do Ministério das Comunicações, aumenta seu poder sobre as emissoras, influenciando até nos conteúdos exibidos. No capítulo da concessão de licenças, a ditadura começa a aceitar apenas pedidos de grupos que apoiam o regime. Em 1967, um decreto elaborado e proposto pelo Contel incluía normas gerais para uma política de programações com cobertura nacional. As diretrizes e restrições para a formação de cadeias nacionais de rádio e de televisão seguiram os mesmos princípios vigentes nos EUA. Fixou-se um número máximo de concessões para cada pessoa jurídica ou física.

Em consequência dessa lei, formaram-se várias cadeias de emissoras: Globo, SBT, Bandeirantes, Record e outras. Em 1972, o Programa Nacional de Telecomunicação regulamentou a formação de redes nacionais, permitindo às emissoras comerciais organizarem-se em rede e estabelecerem o seu poder em cadeia nacional. A Rede Globo tornou-se então a maior rede nacional de emissoras de televisão, com mais de 36 afiliadas (hoje, são 122) e centenas de retransmissoras pelo país.

De um modo geral, pode-se afirmar que a estrutura de comunicação social montada no país e em pé até hoje é verde-oliva no coração, isto é, deve praticamente tudo à *continuidade* assegurada pela ditadura militar às disposições anteriores do bloco hegemônico consolidado no Estado Nacional. É que as críticas costumeiras ao autoritarismo da ditadura explícita incidem geralmente sobre a utilização instrumental dos meios de comunicação pelo regime militar, passando por cima de uma estrutura que vinha desde o começo da Segunda República.

Assim, põem-se em primeiro plano da cena autoritária, por exemplo, a censura à mídia e a atuação dos instrumentos da "guerra psicológica", como a Assessoria Especial de Relações Públicas (AERP), criada no governo Costa e Silva. A AERP queria ser diferente do DIP varguista e escolheu a televisão como aliada. Diz Capparelli, "no final, mesmo a ala dura do Exército já aprovava a utilização da televisão como fator de legitimação do poder. Um especialista dos órgãos de informação, o general Médici, deixaria isso claro ao assumir o governo"[3]. E aqui é forçoso dizer, ao contrário da imprensa escrita, o sistema televisivo aquiescia a tal ponto que enojava o próprio governo militar.

O fato histórico, porém, é que os militares apenas continuaram – com carranca, sem sorrisos – o que já vinha sendo dado no âmbito do Estado Nacional, assim como no plano econômico permitiram que se completasse o processo de substituição das importações.

Na década de 1980, a midiatização mostrou mais claramente a que veio ou a que serve. Os economistas costumam referir-se a esse período como "a década perdida". Por quê? Porque não cresceu o PIB, o produto interno bruto. Vale lembrar que, entre 1981 e 1984, houve uma gigantesca recessão mundial, com

---

[3] CAPPARELLI, Sérgio, op. cit., p. 157.

a quebra de várias economias nacionais. Houve a dramática moratória mexicana (1982). Escudados na "diplomacia do dólar", os Estados Unidos obrigaram as economias endividadas a se ajustarem fiscalmente. E se reafirmaram as experiências neoliberais do Chile e da Argentina, iniciadas nos anos 1970.

Mas essa é uma perspectiva basicamente economicista. Do ponto de vista da história da cultura, a década de 1980 confirmou-se como o período de triunfo ou consolidação da mídia na vida brasileira. Esse triunfo coincide, no plano externo, com o "redisciplinamento" da periferia internacional pela potência hegemônica, isto é, os Estados Unidos.

Vamos tomar como índices desse fenômeno três eventos: (1) a campanha das Diretas Já, (2) a morte de Tancredo Neves e (3) a eleição de Fernando Collor para a presidência da República. Em todos os três casos, foi central a participação da mídia. Apesar do silêncio inicial da rede hegemônica de televisão (a Globo) na questão das Diretas, foi a imprensa, ao lado de lideranças partidárias, o motor da movimentação pela mudança das regras políticas. Na morte de Tancredo, um político liberal-conservador, acomodado, sem nenhum apelo popular – cujo falecimento, embora ocorrido em 17 de abril, só foi anunciado no dia 21, data do enforcamento de Tiradentes –, foi a televisão que o transformou numa espécie de santo ou herói popular. Finalmente, Collor: foi eleito como uma espécie de azarão, depois de telenovelas que valorizavam personagens estranhos à política.

Para entender o papel da mídia nos anos 1980, é preciso levar em conta as transformações sociais ocorridas após o movimento militar de 1964. Do ponto de vista estritamente econômico, o regime militar, teleguiado pelos Estados Unidos, propiciou a continuidade das estratégias protecionistas (barreiras quantitativas ou tarifárias) em relação às importações para favorecer a industrialização acelerada. Foi isso o que se chamou de "processo de substituição de importações".

No final da década de 1960, o II PNDE, formulado por Reis Veloso, previa a estimulação dos ritos sociais de consumo. Isso se confirmou nos anos 1970, no âmbito do que se chamou de "milagre brasileiro" e pareceu consolidar-se no início da década de 1980. Apesar da baixa taxa de crescimento econômico, foram grandes as transformações sociais, e novos atores políticos emergiam no âmbito parlamentar. No âmbito do espaço público, começava o que agora chamamos de "midiatização", isto é, a articulação da vida social com a mídia.

Desde o final dos anos 1990, não existem concretamente mudanças no que diz respeito à legislação de comunicação no Brasil. Continuam em vigor as leis e o jogo de interesses que historicamente fortaleceram o sistema comercial. Em 2002, com a chegada ao poder do presidente Luiz Inácio Lula da Silva, as expectativas de mudanças cresceram, mas nada foi, de fato, concretizado. Nesse mesmo ano, foi aprovada uma emenda ao artigo 222 da Constituição, que permitiu a abertura de 30% do capital das empresas de comunicações para grupos estrangeiros e 100% para grupos nacionais.

Na prática, portanto, a história da moderna comunicação no Brasil desenvolveu-se como uma ampliação daquela alternativa, já mencionada, entre o lado sorriso e o lado carranca do poder militar. Este último era representado em determinados instantes pela "linha dura", que queria tudo dominar pela força, sem concessões aos pruridos liberais do *soft power*, o poder mole. Mas o sorriso fez o seu caminho na forma da reciclagem eletrônica do lixo cultural e da vaselina informativa. Para quem não entendeu a conhecida frase do general Golbery do Couto e Silva, é aconselhável nela pensar agora à luz do que foi dito sobre comunicação no país: "É preciso abrir para fechar".

REFERÊNCIAS BIBLIOGRÁFICAS

CAPPARELLI, Sérgio. *Televisão e capitalismo no Brasil*. Porto Alegre: L&PM Editores, 1982.

FAORO, Raymundo. *Os donos do poder: a formação do patronato político brasileiro*. Rio de Janeiro: Livraria José Olympio Editora, 1962. 2 v.

Ditadura de 1964: uma universidade para o capitalismo dependente

ROBERTO LEHER

Foi um golpe dos (e para os) setores dominantes. Com a exceção do jornal Última Hora, a deflagração do golpe empresarial-militar foi apoiada, articulada e celebrada pelos principais meios de comunicação da época[1], confirmando a tese de René Dreyfuss (1981) de que, subjacente ao movimento dos militares, grupos de interesse vinculados ao grande capital estavam operando em fina sintonia com os centros de poder do capitalismo monopolista, em especial com o governo estadunidense, conforme demonstrado pela penetrante síntese de Moniz Bandeira[2].

Organizações burguesas, como o Instituto de Pesquisa e Estudos Sociais e o Instituto Brasileiro de Ação Democrática (IPES-IBAD), foco do referido livro de Dreyfuss, atuaram como partido: reunindo diversas frações burguesas; elaborando um programa para o pós-golpe; e difundindo, com apoio ativo da mídia dominante, matérias que claramente pretendiam criar as condições psicossociais para o golpe, realçando o que foi apresentado como o caos em virtude da quebra da disciplina e da hierarquia, o descontrole da economia e, principalmente, a possibilidade de um golpe ao mesmo tempo socialista, populista e sindicalista por parte de Jango, desenhando um quadro feito para legitimar o golpe restaurador, logo apresentado como "Revolu-

---

1 SILVA, Juremir Machado da. Jornalismo golpista. *Carta Maior*, Edição Especial: 50 anos do golpe, 2 abr. 2014, pp. 42-45.

2 BANDEIRA, Luiz Alberto Moniz. Tio Sam dá as cartas: a participação central dos Estados Unidos na articulação civil-militar contra o governo. *Carta Maior*, Edição Especial: 50 anos do golpe, 2 abr. 2014, pp. 38-41.

ção" de 1964. Em virtude da centralidade dos embates ideológicos, as entidades articuladoras do golpe, como o IPES, reuniram quadros intelectuais que mantinham vínculos com a universidade[3], situação que se aprofundaria no longo período ditatorial.

Passado meio século da deflagração do golpe, é possível concluir que nem as organizações empresariais, nem as grandes corporações da mídia, nem os setores universitários que ajudaram na conspiração e na efetivação do golpe realizaram efetiva autocrítica sobre o apoio a uma ditadura que torturou, assassinou com meticulosa psicopatia os supostos inimigos internos e implementou as bases econômicas de um país que sempre encabeça a lista dos mais desiguais do planeta, inclusive nos dias de hoje. De fato, quase três décadas após o seu término formal, prevaleceu a sua invisibilização e ressignificação como *ditabranda* pelas corporações da mídia[4], pelos sucessivos governos, pelo silêncio do judiciário e, mesmo na universidade, ganhou destaque uma produção acadêmica claramente revisionista, justificadora da tese do golpe preventivo, frente à índole antidemocrática da esquerda do início dos anos 1960.

Ainda que o enfoque predominante nos grandes meios de comunicação tenha mudado ao longo do ano de 2014, inclusive da Folha de São Paulo e de O Globo, possivelmente como consequência das Jornadas de junho de 2013, é perceptível que a ditadura empresarial-militar vem sendo ressignificada

---

[3] Na lista de membros do IPES, Dreyfuss (1981, p. 639) relaciona, entre outros, Josué Spina Franca (Fundação da Escola de Sociologia e Política, SP), Estanislaw Fischlowitz (PUC-RJ), Albino de Faria Nogueira (PUC-RJ/UEG), Carlos Alberto Werneck (Federação Nacional dos Estabelecimentos de Ensino), Oscar de Oliveira (Universidade do Brasil). O autor dedica uma seção específica para discutir a intervenção do IPES na vida universitária, particularmente no movimento estudantil, objetivando fazer frente aos setores de esquerda, tarefa realizada pelos dirigentes João Roberto Moreira, Álvaro Americano, Antonio Galotti, Duvivier Goulart, Cândido Guinle de Paula Machado, Hélio Gomide, general Golbery do Couto e Silva, Paulo Egydio Martins, entre outros. Em geral, o IPES e o IBAD (Instituto Brasileiro de Ação Democrática) financiavam chapas de direita para o movimento estudantil. O IPES constituiu uma tendência própria: o Movimento Estudantil Democrático (MED), e o IBAD, a Frente da Juventude Democrática (FJD), entre outras organizações. Algumas delas claramente intimidatórias, como o Movimento Anticomunista (MAC) e ambas organizações atuaram na difusão de jornais estudantis e no apoio a publicações voltadas para atacar a UNE, como "UNE: instrumento de subversão", de Sônia Seganfredo, atacando especialmente a Faculdade Nacional de Filosofia da Universidade do Brasil (idem, pp.284-289).

[4] Editorial. *Folha de São Paulo*, São Paulo, 17 fev. 2009.

pela mídia. As abordagens dos principais jornais já explicitam que houve uma ditadura e que a mesma foi marcada por graves violações nos direitos humanos, entretanto, seguem veiculando a ideologia, estruturada pela dita teoria do autoritarismo, de que, a despeito de seus males, a mesma evitou o pior e transformou o país, por meio de sua modernização, posição que expressa o ponto de vista das corporações. Ademais, todo o ônus da ditadura foi deslocado para os militares, ocultando, convenientemente, o componente de classe. É como se os grandes grupos econômicos, os governos dos EUA, setores religiosos e os próprios meios de comunicação não fossem protagonistas centrais da ditadura. Ainda mais, silenciam sobre o fato de que a ditadura foi guiada pelos interesses do capitalismo monopolista consolidado no ciclo expansivo dos anos 1970.

No âmbito do Estado o quadro não é diferente. A lei que institui a Comissão Nacional da Verdade (Lei 12.528/2011) é recente, carece de real suporte do governo federal e encontra-se esvaziada, contando com apenas cinco membros efetivos, situação que resulta em enorme dificuldade de investigar e sistematizar os acontecimentos, a despeito do empenho genuíno de muitos que nela atuam. Não apenas ninguém foi punido pelas atrocidades perpetradas pelo aparato repressivo montado pelos governos da ditadura, como nenhum dos empresários que sustentaram o aparato de tortura e de morte foi sequer imputado ou forçado a vir a público explicar seus gestos. Ao contrário, o maior grupo financeiro brasileiro, Itaú-Unibanco, chegou a distribuir agendas em 2014 que citava o "aniversário da Revolução de 1964"[5], apresentando o golpe de modo apologético, nos termos em que a própria ditadura se autodenominou: uma revolução democrática.

O propósito deste artigo, contudo, não é discorrer sobre a permanente produção do esquecimento e, o que pode significar a mesma coisa, de ressignificação da ditadura pela mídia e pelo Estado em geral, mas examinar os nexos entre a ditadura e a universidade.

A rápida introdução sobre as narrativas dominantes a respeito do significado da ditadura empresarial-militar é um ponto de partida importante para tornar pensável a universidade. É forçoso reconhecer que tal revisionismo

[5] Itaú recolhe agendas que citavam 'aniversário da Revolução de 1964'. Disponível em: http://g1.globo.com/economia/noticia/2014/02/itau-recolhe-agendas-que-citavam-aniversario-da-revolucao-de-1964.html.

também circula em seu interior: os argumentos esgrimidos pelos grandes meios de comunicação e pelas entidades empresariais possivelmente se valeram dessa produção revisionista para subsidiar sua política editorial e, de outra parte, tal produção acadêmica somente alcançou repercussão em virtude de sua recepção pelas frações burguesas alavancadas no contexto ditatorial[6]. O seu cerne sustenta que a ditadura foi um processo modernizador e tão somente autoritário, tal como teria sido o governo da esquerda brasileira dos anos 1960, caso esta tivesse sido vitoriosa em seu projeto.

Com efeito, a partir dos anos 1990 foi difundida uma produção historiográfica elaborada nas universidades que propõe uma reinterpretação do significado do golpe empresarial-militar de distintos modos, em especial, suprimindo os grupos econômicos em favor de uma edulcorada 'sociedade civil', como se a ditadura fosse resultante de um vasto movimento cívico vindo das ruas, ocultando a enorme e atualmente fartamente documentada participação estadunidense na preparação do golpe, por meio da USAID, da Aliança para o Progresso e da operação Brother Sam e, finalmente, de que o que estava em jogo em 1964 era se o país viveria uma ditadura de esquerda ou uma ditadura modernizadora. Uma síntese desse revisionismo pode ser visto em Melo (2014).

É possível esboçar uma hipótese de estudo de que tal revisionismo está indissoluvelmente relacionado ao fato de que as universidades brasileiras, regra geral, ainda não se mostraram capazes de fazer um acerto de conta com o seu passado recente. Afinal, existe um revisionismo explícito, resultante da produção historiográfica ou da 'ciência' política. Mas outras formas de revisionismos circulam de modo naturalizado, como o de que o recente *boom* da ciência brasileira foi possível graças à ação abnegada de cientistas que, na ditadura, a despeito da sua ferocidade, mantiveram a ciência livre de sua influência, erigindo espaços técnicos e racionalmente organizados, como

---

6 Embora com diferenças, podem ser mencionados os estudos de FIGUEIREDO, Argelina C. *Democracia ou reformas? Alternativas democráticas à crise política (1961-1964)*. Rio de Janeiro: Paz e Terra, 1993; FERREIRA, Jorge. O governo Goulart e o golpe civil-militar de 1964. In: ______ e DELGADO, Lucília de Almeida Neves (Orgs.) *O Brasil republicano: o tempo da experiência democrática – da democratização de 1945 ao golpe civil-militar de 1964*. Rio de Janeiro: Civilização Brasileira, 2003. v. 3. Também REIS, Daniel Aarão. O colapso do populismo ou a propósito de uma herança maldita. In: FERREIRA, Jorge (Org.). *O populismo e sua história*. Rio de Janeiro: Civilização Brasileira, 2001.

a CAPES[7], o CNPq[8], a FINEP[9] e o BNDES, sob a liderança de cientistas e ministros da ditadura, como João Paulo dos Reis Velloso, todos imaculados diante do regime violento, pró-imperialista e hostil a qualquer manifestação do pensamento crítico. O simples levantamento dos artigos colocados em circulação na Sociedade Brasileira para o Progresso da Ciência, os discursos de suas diretorias confirmam as tensões, o reconhecimento da violência e a recriminação aos que colaboraram ativamente com o golpe, a despeito do pragmatismo de outros, que defenderam o regime "em nome da ciência" (Fernandes, 1990).

Forças que empreenderam a contrarreforma da educação superior da ditadura

Os finos vasos comunicantes do capital com a universidade efetivados por meio da contrarreforma de 1968 e pelas medidas que a ela se seguiram foram obra de sujeitos de fora da universidade, mas não estranhos à vida universitária, longe disso, pois sujeitos com estreitos vínculos com uma inteligência contrarrevolucionária. O lugar desta, por isso, foi de decisiva importância. No processo de calibração da universidade brasileira ao capitalismo monopolista, em sua particularidade capitalista dependente, a chamada reforma não poderia ser pensada de modo endógeno, como querem muitos que sustentam o caráter técnico e racional das medidas implementadas e que permitem, nos dias de hoje, homenagens a sujeitos que foram de grande lealdade ao regime ditatorial, a exemplo da recente Plataforma Newton Sucupira. Mas, igualmente, sem a colaboração ativa de membros internos à universidade, tais medidas teriam sido fugazes e sem enraizamento estrutural, como argumentado no presente artigo.

De modo breve, na presente seção, será feita uma caracterização das principais forças externas à universidade e que foram decisivas na contrarreforma. Como salientado, a ação externa somente foi eficaz em virtude da existência

---

[7] Coordenação de Aperfeiçoamento de Pessoal de Nível Superior.

[8] Conselho Nacional de Desenvolvimento Científico e Tecnológico – até1971, Conselho Nacional de Pesquisa.

[9] Financiadora de Estudos e Projetos.

de um conjunto de professores que foram operadores, organizadores e, em certo sentido, idealizadores dos detalhes finais da reconfiguração da universidade no moinho satânico da ditadura empresarial-militar.

O golpe empresarial-militar foi laboriosamente preparado. Desde 1962, o IPES e o IBAD vinham promovendo sistemática ingerência no movimento estudantil de esquerda, aproximando a universidade do setor produtivo, por meio de agências de estágios e de reuniões com representantes das entidades empresariais com setores da academia. A ação militar igualmente se fez presente em diversos desses círculos, afinal, dispunha de quadros de tipo universitário próprios, como os do Instituto Tecnológico da Aeronáutica. No entanto, quando se tratou de militares comprometidos com o golpe, em geral, suas participações foram encobertas por organizações da sociedade civil, como o próprio IPES, mas posteriormente ao golpe, de modo mais direto, por meio da Escola Superior de Guerra.

A rápida consolidação do golpe corrobora a proposição de que o apoio ao mesmo desbordava os círculos militares e do governo estadunidense, contando com a adesão de importantes setores da sociedade civil. As ações da Aliança para o Progresso, da USAID, do Banco Mundial e das fundações estadunidenses (Scheman,1988), como especialmente a Ford, de um lado, e do IPES-IBAD, de outro, inicialmente buscando eliminar o marxismo das instituições, rapidamente ampliaram seu leque de interesses, mirando também os docentes adeptos do nacional-desenvolvimentismo e mesmo os liberais democráticos que se recusaram a colaborar com o regime.

Assim, após a efetivação do golpe, os laços da ditadura com a universidade tornaram-se muito mais estreitos, por intermédio da reforma universitária, da defesa aberta ao repasse de verbas públicas para as instituições privadas e da imposição de uma agenda de pesquisa, funcionalizada por programas de fomento à C&T, que enraizaram ainda mais profundamente o projeto de comprometimento da universidade com a consolidação do capitalismo monopolista.

É preciso ressaltar o protagonismo do IPES nos acontecimentos da contrarreforma de 1968, em especial diante do levante estudantil que preocupava os apoiadores da ditadura. Assim, em 9 de junho de 1968, o IPES realizou um seminário para discutir a situação, produzindo o conhecido documento "A educação que nos convém", contando com a presença de quadros comprometidos com o projeto educacional da ditadura, como Fernando Bastos Ávila, Julian Chacel,

Nair Fortes Abu-Merhy, Roberto Campos, Glycon de Paiva, Golbery do Couto e Silva, Mario Henrique Simonsen, entre outros (Souza, 1981).

Se, inicialmente, o direcionamento das universidades ao modelo balizado pelo capital humano e com o propósito de dar suporte ao projeto de modernização conservadora ocorreu por meios quase que exclusivamente coercitivos, afastando da universidade os docentes que investigavam problemáticas indesejáveis ao regime, posteriormente, a partir do II PND (1974), o quadro começa a ser alterado. Caso a ditadura seguisse com os afastamentos e exílios, dificilmente lograria êxito em construir condições objetivas para a pesquisa sistemática e para a formação de pessoal com domínio em áreas sensíveis da C&T.

A alternativa da ditadura, como se depreende da análise sobre o Projeto Camelot feita por Horowitz (1969), foi esvaziar a universidade de sua autonomia acadêmica, deslocando todo o suporte para a pesquisa fora da universidade e condicionando as pesquisas aos programas e projetos prioritários – processo que culminaria, em meados dos anos 1980, com a política dos editais.

Nesse contexto, é imprescindível destacar os chamados administradores dos órgãos de fomento à C&T. Nesta seção, por relevância, será conferido destaque especial a João Paulo dos Reis Velloso: membro do Grupo de Trabalho instituído pelo Decreto 62.937/1968, objetivando elaborar os termos da reforma universitária, presidente e criador do IPEA, membro do CFE e, por um longo período, ministro do Planejamento (1974-1979). Foi essa esfera de governo que, objetivamente, conduziu os órgãos de fomento, dirigindo o Conselho Nacional de Pesquisas, contribuindo para a criação da FINEP, gestora do FNDCT, e para a conversão do CNPq de autarquia em fundação de direito privado, sempre em nome da flexibilidade (Lei n. 6.129, de 6 de novembro de 1974).

Nessa ocasião, a fundação estava sob a presidência de José Dion de Mello Telles, estabelecendo, então, o Plano Básico de Desenvolvimento Científico e Tecnológico (PBDCT, 1973), açambarcando todas as instituições de C&T que recebiam recursos públicos e que foi institucionalizado, em 1975, como Sistema Nacional de Desenvolvimento Científico e Tecnológico (SNDCT). Vale explicitar que o CNPq, nesse período, encontrava-se diretamente subordinado à área do Planejamento. A ação do Ministério do Planejamento foi mais ampla e sistêmica do que a universidade, como se depreende da criação do Fundo Nacional de Desenvolvimento da Educação no período Velloso.

A partir do II Plano Nacional de Desenvolvimento, o fortalecimento do BNDE foi um poderoso agente impulsionador da agenda de desenvolvimento (modernização conservadora) a que a universidade foi subordinada, fortalecendo, de um lado, a pesquisa em setores como energia e agricultura (Fundo de Financiamento Tecnológico do BNDE, então dirigido por José Pelúcio Ferreira, fundo este posteriormente ampliado como FNDCT – Fundo Nacional de Desenvolvimento Científico e Tecnológico –, operado pela FINEP, ainda sob a direção de Ferreira) e, de outro, a ofensiva ideológica, refletindo a doutrina contida na ideologia do desenvolvimento: "desenvolvimento acelerado com segurança máxima".

Uma das grandes parcerias da SEPLAN foi com a Coordenação dos Programas de Pós-Graduação de Engenharia da Universidade Federal do Rio de Janeiro (COPPE/UFRJ), decididamente irrigados com consideráveis recursos para pesquisa, notadamente no setor de petróleo *offshore*, auspiciado pelos recursos da Petrobras. Outra indução importante foi no setor de energia nuclear, no contexto do Acordo Nuclear Brasil-Alemanha, apoiado por físicos influentes, como José Goldenberg (USP) (Squinca da Silva, 2006).

Tal heteronomia foi acentuada pelos convênios com organismos internacionais, a exemplo do Banco Mundial e do Banco Interamericano de Desenvolvimento, que condicionaram o apoio financeiro à existência de programas e linhas de pesquisa prioritários (pois de interesse do capital), inscritos no referido FNDCT, bem como por colaborações de fundações vinculadas às corporações multinacionais, com destaque para a Ford, pelo montante de recursos alocados.

Após destacar a participação determinante da SEPLAN e do aparato de C&T, é necessário examinar o papel do MEC. Embora formalmente responsável pela contrarreforma de 1968 e por sua implementação, esse ministério foi guiado pela *ratio* desenvolvimentista que efetivou a profunda heteronomia estrutural na universidade brasileira, desprovendo-a de autonomia frente ao aparato de C&T, cujos órgãos foram crescentemente controlados por representantes das corporações ou por sujeitos a elas vinculados (membros de conselhos diretores de empresas públicas e privadas, dirigentes de entidades empresariais, indicações partidárias associadas a grupos econômicos) e operacionalizados, no período, no âmbito da SEPLAN.

Entre 1965 e 1968, setores dominantes empreenderam uma miríade de iniciativas direcionadas à reforma da educação brasileira e, em especial, da universidade. As mais conhecidas, inseridas no contexto dos acordos MEC -USAID, não foram as únicas e, possivelmente, as de maior repercussão no texto final da Lei 5.540/1968. Os relatórios de Rudolf Atcon, a participação de intelectuais vinculados a universidades no CFE, a exemplo de Sucupira, as ações de setores militares, como as do general Meira Mattos, aconteceram sempre com suporte ativo de setores governamentais e provenientes da própria academia, confirmando a teoria do capitalismo dependente elaborada por Florestan no calor das outras lutas pela reforma universitária: a das ruas, da juventude corajosa que enfrentou a dura repressão que vitimou um grande número de estudantes e jovens e, mais tarde, já sob o AI-5 e o Decreto 477/1969, alcançando estudantes e professores que ainda estavam na universidade, por meio de afastamentos compulsórios e cassações, como a que atingiu o próprio Florestan Fernandes.

A chamada reforma universitária foi constituída não só pela Lei 5.540/1968 e os decretos que a regulamentam. Muito mais abrangente, abarcou desde os elementos abertamente coercitivos, como o AI-5 e o Decreto 477, até mudanças operadas no âmbito do Conselho Federal de Educação (em que vários proprietários de instituições privadas de ensino, ou seus prepostos, foram nomeados). Isso facilitou a exponencial expansão privada, medidas acompanhadas de alterações na legislação tributária, objetivando ampliar o repasse dos recursos públicos para as universidades privadas, bem como as políticas de crédito subsidiado aos estudantes para aquisição de vagas oferecidas por elas, por meio do Crédito Educativo (CREDUC, 1975), programa do Sistema Financeiro Nacional operado pelo Banco do Brasil, pela Caixa Econômica Federal e por bancos comerciais em geral, crédito direcionado para a manutenção de estudantes (especialmente, nas públicas) e para o custeio das matrículas (privadas).

Ademais, é importante acrescentar as novas regras para seleção dos estudantes, por meio da unificação dos vestibulares por estado, da elaboração dos exames por organizações afins ao projeto educacional da ditadura (CESGRANRIO e outras) e, para colocar um fim na figura dos excedentes, alterando os critérios de acesso, impondo o sistema classificatório.

A própria organização da educação superior foi radicalmente modificada, por meio da matrícula por disciplina, controle acadêmico pelos créditos, presença obrigatória, regras mais favoráveis ao jubilamento dos estudantes (Decreto-lei 574/1969), criação de carreiras curtas, a exemplo das licenciaturas curtas e generalistas, currículos mínimos fixados pelo CFE, substituição da cátedra pelos departamentos, escalonamento dos cursos por meio da instituição dos ciclos básicos e expansão da pós-graduação (Souza, 1981, pp. 156-157). É importante salientar que muitas dessas medidas eram anseios de setores liberais democráticos e mesmo da esquerda, como as cátedras vitalícias e a organização de departamentos, entretanto, é necessário não perder de vista que todas essas medidas estavam inscritas no processo de ajuste da universidade ao modelo econômico e societário do capitalismo dependente da ditadura empresarial-militar, movido, no terreno educacional, pela ideologia do capital humano.

Ademais, essas mudanças aconteceram também na educação básica, não se limitando ao exame do vestibular. Em 1971, a ditadura reformou a LDB de 1961 introduzindo a lógica do capital humano no ensino fundamental e no então segundo grau, por meio da ideologia de que uma rápida profissionalização asseguraria meios de ascensão social também para os setores mais pauperizados da sociedade. O aspecto contraditório foi a fusão do primário com o curso ginasial, criando o ensino fundamental de oito anos, mudança que foi apropriada como conquista por parte dos trabalhadores. Mas, ao mesmo tempo, a ditadura retirou os meios econômicos que poderiam dar sustentação ao processo de ampliação da universalização do ensino fundamental, carência de recursos que repercutiu pesadamente sobre o trabalho docente na forma de sistemática desvalorização salarial e, não menos importante, na decidida degradação da infraestrutura das escolas em grande parte sucateadas e desprovidas das mais elementares condições de funcionamento, como ausência de refeitórios adequados, quadras esportivas, bibliotecas, laboratórios para ensino de ciências etc.

A nova forma de organização do trabalho acadêmico expressava os anseios da ditadura em relação à educação pública. No que se refere às universidades públicas, o propósito era estruturar a pesquisa em áreas funcionais ao modelo econômico e às necessidades do capitalismo monopolista – garantir um Estado capaz de agregar inteligência em setores estratégicos para a acumulação do capital, como energia (petróleo, nuclear e hidrelétricas), engenharias (civil, química, metalurgia, produção, naval, elétrica, eletrônica), telecomunicações, aeroespacial, agricultura (implementação da revolução verde) e para o controle social do trabalho (economia, administração, saúde, educação etc.).

Com o II PND e o controle dos órgãos de fomento por professores com vínculos com os tecnocratas da ditadura, as áreas apoiadas pelas políticas de fomento à C&T se enraizaram nas universidades, sobretudo pela pós-graduação, ensejando o I Plano Nacional de Pós-Graduação (PNPG, 1975), que, conforme orientação governamental, deveria ser implementado de modo a assegurar "severa vigilância", objetivando formar os docentes que atuariam na pós-graduação e, principalmente, submeter os programas, já em número expressivo, a regras gerais unificadas a partir da CAPES e do Departamento de Assuntos Universitários do MEC. Seu crescimento confirma a indução estatal: passaram de 36 programas, em 1965, para 669, em 1976, e importantes 1.116 cursos em 1985[10].

Todo esse aparato externo foi erigido em relação simbiótica com setores internos à universidade. Nada disso seria possível sem interlocuções, parcerias e alianças de membros da comunidade acadêmica, autodenominados na ditadura como 'representantes da comunidade científica', que criaram os canais por onde tal heteronomia foi efetivada. Embora pouco dito, muitos desses acadêmicos foram coniventes ou mesmo protagonistas da ação repressiva que o regime impôs sobre a universidade, conforme pode ser visto adiante.

A primeira ofensiva da ditadura foi reorientar o rumo da universidade, afastando-a de referenciais nacional-desenvolvimentistas, projeto acalentado por importantes forças sociais na virada dos anos 1950 para os 1960, em especial por intelectuais liberais democráticos, como Anísio Teixeira, como Darcy Ribeiro, por cientistas de renome[11], por intelectuais da SUDENE, como Celso Furtado e Francisco de Oliveira, bem como por intelectuais vinculados ao ISEB. Mas também pela esquerda trabalhista e, com diferen-

---

10 Capes, Situação atual da Pós-Graduação, Apêndice B Séries Históricas. Disponível em: http://pdi.ufabc.edu.br/wp-content/uploads/2011/09/Plano-Nacional-de-P%C3%B3s-Gradua%C3%A7%C3%A3o-2011-2020-Volume-I.pdf.

11 Como se depreende, a partir de Salmeron (1999), da adesão ao projeto da UnB de, entre outros, Antônio Rodrigues Cordeiro, Warwick Kerr, Newton Freire Maia, Haity Moussatché e Mauricio Rocha e Silva (Biociências); Carolina Bori (Psicologia); Cyro dos Anjos (Letras); João Filgueiras Lima, Lucio Costa e Oscar Niemayer (Arquitetura e Urbanismo); Otto R. Gottlieb (Química); José Leite Lopes, Jayme Tiomno (Física); Elon Lages de Lima (Matemática); Vitor Nunes Leal e Maria Yedda L. Linhares, José Albertino Rodrigues (Ciências Humanas); e Rui Mauro Marini (Economia).

ças, por parte considerável do movimento estudantil radicalizado – como é possível depreender do I Seminário Nacional da Reforma Universitária (Salvador, 1960) e do II Seminário, realizado em 1962, no Paraná –, por movimentos como o CPC-UNE e, em especial no Nordeste, pelo Movimento de Cultura Popular da Universidade do Recife e outros semelhantes em curso na região.

A ofensiva incluiu também o desmonte do projeto da UnB, processo que levou à saída de 80% de seus professores, em 1965 (Salmeron, 1999, p. 23), com a conivência e o protagonismo de docentes considerados 'notáveis', como Zeferino Vaz, professor da Faculdade de Medicina Veterinária da USP e um dos criadores da Faculdade de Medicina de Ribeirão Preto (USP), mas agente ativo da preparação do golpe e, por isso, nomeado reitor (interventor) da UnB e que, em sua gestão, expulsou docentes como Ruy M. Marini, José Honório Rodrigues e Perseu Abramo, entre outros.

Ao mesmo tempo em que a repressão ao projeto da UnB conhecia enorme recrudescimento, a ditadura empresarial-militar se antecipou e empreendeu a institucionalização da pós-graduação em 1965 (Parecer 977/1965), associando a pesquisa à pós-graduação (e implicitamente desprovendo a graduação de nexos com a pesquisa). Os tipos de pós-graduação foram classificados em perspectiva utilitarista, ecoando a ideologia do capital humano, normatização sistematizada por um dos intelectuais que sustentaram o novo regime, Newton Sucupira[12], processo que culminou na contrarreforma de 1968 que, combinando coerção (AI-5 e Decreto 477/1969, ato coercitivo organizado por, entre outros, Gama e Silva, ex-reitor da USP e ministro da Justiça) e cooptação (por meio das políticas de fomento à C&T), possibilitou a consolidação da pós-graduação no país. Fernandes salienta que:

[12] Sucupira seguiu sendo um importante protagonista da contrarreforma da universidade, em especial contribuindo para os Decretos n. 53/1966 e n. 252/1967, os fundamentos da reforma universitária pretendida inicialmente pelo General Costa e Silva, depois sistematizados no Relatório do Grupo de Trabalho sobre a Reforma Universitária, documento em que a participação de Sucupira foi destacada. O processo de interferência da ditadura, sob um léxico técnico, fincou os pilares da heteronomia da universidade brasileira sem os quais a sua associação com o padrão de acumulação capitalista dependente não teria sido tão profundo e estrutural.

> a 'reforma universitária' caiu nas mãos das forças conservadoras e contrarrevolucionárias no poder. Elas não só esvaziaram a reforma de seu conteúdo democrático e inovador. Castraram-na por completo, pulverizando ainda mais a universidade conglomerada e retirando dela qualquer vitalidade cultural ou política (1975, p. VIII).

A ditadura difundiu um certo *ethos* acadêmico em que o que é dado a pensar deve estar emoldurado pelos programas de fomento e de reconhecimento da legitimidade do aparato administrativo erigido, justo por contar com quadros internos à universidade que apoiaram o projeto de modernização conservadora. Na Faculdade de Medicina da USP, o expurgo de docentes críticos à ditadura foi justificado em nome dos interesses gerais em que a maioria supostamente estaria apoiando a ditadura.

O presente estudo argumenta que a continuidade do presente com o passado, embora não linear (a rigor, nunca poderia sê-lo), se manteve na medida em que não houve ruptura com o modelo imposto no período ditatorial.

Perguntas como: qual a função social da universidade? Por que tal heteronomia? (Ou: por que não logramos a autonomia prevista na Constituição de 1988?) Por que temos de nos contentar em estudar as pequenas coisas e nunca nos indagar sobre por que as coisas são como são? tornaram-se praticamente interditadas. Muitos docentes que viveram a ditadura, inclusive muitos que lutaram contra ela nos anos 1960 e 1970, induziram, de distintos modos, os seus colegas mais jovens a não se perguntarem sobre as coisas que poderiam levantar problemas, assuntos e coerções que "deveríamos esquecer". Mudanças no perfil da SBPC (simbolizado no movimento de volta às origens, isto é, de retorno ao período inicial da entidade mais voltada para as questões específicas da comunidade científica, alterado após o seu período de maior politização entre meados dos anos 1970 e 1985 e da entrada das ciências humanas e sociais), o silêncio da ABC (Academia Brasileira de Ciências) em momentos decisivos sobre os nexos entre ciência e ditadura, a transição pelo alto da Nova República, o projeto GERES (Grupo Executivo da Reforma da Educação Superior), tudo isso sugere que a agenda universitária deixou de interpelar o padrão de acumulação do capital e suas contradições. O pressuposto da associação entre ciência, tecnologia e desenvolvimento seguiu incólume: a grande polêmica gira em torno de como estreitar os laços da universidade com o setor produtivo, mas nada é dito sobre a natureza e o caráter do referido setor produtivo e, muito menos, sobre qual o papel da universidade diante do processo do capital.

Florestan Fernandes em *Universidade Brasileira: reforma ou revolução?* (1975, p. VIII), examinando a derrota da luta pela reforma universitária em 1968, concluiu, em meados dos anos 1970, que "não há mais espaço político para a ideia de uma 'reforma universitária'. As próprias forças conservadoras e contrarrevolucionárias adulteraram os projetos viáveis e tornaram (...) a recuperação mais difícil". Em sua interpretação, o fundamental "vem a ser a revitalização e a autonomização da universidade como centro de atividade intelectual crítica" (idem, p. IX). No interregno 1968-1978 (quando o autor elaborou novo prefácio ao referido livro), Fernandes já identificara que a ditadura fizera uma contrarreforma que acentuara a heteronomia, o silêncio, erodindo a atividade intelectual crítica.

Passadas três décadas da publicação do referido livro, é desconcertante constatar que a dimensão da heteronomia dos tempos de hoje é de magnitude muito maior do que a lograda pela ditadura quando ela lançou as pedras fundamentais da mesma. Objetivamente, Florestan captou o que foi o cerne da atuação da ditadura a partir da contrarreforma. Aqui é possível compreender uma das nervuras que associam o passado ao presente: os nexos entre heteronomia e perda da vitalidade crítica da universidade. Destaca, ainda, que os atos ditatoriais, sistematizados na "reforma" de 1968, contaram com a "franca e aberta colaboração de professores e estudantes adeptos da contrarrevolução e do regime ditatorial" (Fernandes, 1975, p. VIII). Registra, ainda, que tais forças "difundiram o medo, a confusão e as indecisões ou ambiguidades, que se instalaram dentro das estruturas mesmas do 'mundo acadêmico'" (idem, p. IX). De modo realista, Florestan compreendeu que os sujeitos da contrarreforma

> irão fazer o possível não só para defender a sua obra, tanto quanto para demonstrar que sempre estiveram a favor de tais mudanças [...]. As forças conservadoras e contrarrevolucionárias, a partir de dentro da universidade, ou a partir do Estado e de outras instituições ou dos meios de difusão, mostraram o que pretendem, o que defendem e o que são capazes de fazer (Fernandes, 1975, p. X).

Naquele contexto, os interesses dos profissionais liberais se destacaram. Atualmente, a modernização conservadora ampliou o leque de interesses, associando o trabalho universitário de muitos setores da academia às demandas imediatas das corporações ou, ainda, inserindo docentes e estudantes em algum elo da cadeia da prestação de serviços na universidade. Fernandes observa de modo perspicaz, pois parece antever os desdobramentos da "redemocratização", que muitos desses sujeitos se colocariam rapidamente ao lado das forças democráticas, mas que uma aliança com eles seria um grave erro, não por revanchismo, mas porque portam outro projeto para a universidade – projeto este antagônico com o defendido para o conjunto da classe trabalhadora.

Mudar para que tudo permaneça igual: a dita transição democrática

Referenciada na chamada teoria do autoritarismo, a "transição democrática" logrou manter o núcleo sólido do modelo da ditadura empresarial-militar, os fundamentos do capitalismo dependente, encouraçados diante dos movimentos em prol da redemocratização. O discurso predominante, então, era que o grande problema da ditadura era o seu caráter autoritário, pois, afinal, modernizou o país, fez crescer a pesquisa e a pós-graduação e, portanto, a tarefa era remover o ranço autoritário do Estado, o que poderia ser feito com o ar renovado da sociedade civil democrática, principalmente as entidades empresariais e a alta hierarquia da Igreja Católica. Desse modo, foi possível uma 'transição' pelo alto que possibilitou uma anistia que a rigor blindou os torturadores e assassinos e seus mandantes, uma eleição indireta que, ao final, possibilitou que o primeiro governo civil fosse chefiado pelo ex-presidente da ARENA e oligarca do Maranhão, José Sarney. A calibração econômica feita pelo imperialismo, por sua vez, se deu de modo coercitivo, por meio da hiperinflação, processo que conduziu o país ao Plano Baker e, depois, ao Plano Real. Os fundamentos do capitalismo dependente, desse modo, foram reformados de modo a garantir os seus pilares fundamentais: as expropriações e o arrocho salarial sobre o conjunto da classe trabalhadora. Não houve no Brasil um levantamento mais abrangente dos efeitos da ditadura em toda vida social e, em particular, nas instituições educacionais.

Embora pouco documentado e discutido, o *modus operandi* dos aliados da ditadura dentro da universidade foi marcado pela brutal repressão contra estudantes e professores que ousaram criticar o regime. De fato, essa *intelligentsia* colaborou ativamente na destruição de carreiras, na expulsão de jovens, no afastamento compulsório de muitas centenas de docentes, na imposição da censura, do medo e do controle por meio de agências de informação, na delação de professores e estudantes ameaçados, que resultaram em torturas, prisões, mortes, exílios, demissões e, de forma mais sutil, no silenciamento acadêmico dos críticos, por meio de pressões para que estes não fossem citados nos artigos e não tivessem seus artigos publicados pelas revistas e editoras.

No período 1968-1985, coexistiram, por conseguinte, violenta repressão e persuasão e cooptação de quadros intelectuais movida por vultosos recursos para determinados projetos orientados para a modernização conservadora. Nos interstícios, muitos docentes, em geral dedicados à ciência básica, então muito expressiva, pois, sem esta, as áreas aplicadas e de pesquisa e desenvolvimento não poderiam vicejar, realizaram pesquisa rigorosa em termos epistemológicos e teóricos, parte dela associada à formação de jovens em uma perspectiva crítica e inventiva. Mas nos espaços de poder da universidade, como nas fundações privadas ditas de apoio à pesquisa e nos grupos de pesquisa alavancados no período ditatorial pelo FNDCT e, após 1985, pelo PADCT (Programa de Apoio ao Desenvolvimento Científico e Tecnológico), outros percursos foram forjados: pragmáticos, muitos desses acadêmicos, haviam consolidado seus grupos de pesquisa e, em virtude dos desdobramentos da Crise da Dívida de 1982, se engajaram no 'capitalismo acadêmico'. Não nos mesmos termos sustentados por Slaughter e Leslie (1999), pois, no contexto capitalista dependente, a ciência e a tecnologia, cada vez mais, cedem espaço para os serviços demandados por empresas via indução estatal, nos termos da Lei de Inovação Tecnológica e legislação afim.

Com efeito, a partir do fechamento dos departamentos de pesquisa e desenvolvimento das antigas estatais, agora controladas por grupos multinacionais e por grupos privados apoiados pelo BNDE na ditadura, desapareceram nichos tecnológicos importantes que possibilitaram a expansão da pós-graduação e a absorção de parte dos estudantes formados com maior rigor. Novas formas de interação da universidade com o setor produtivo foram sendo estabelecidas e culminaram na Lei de Inovação Tecnológica em 2004.

A economia brasileira sofreu uma especialização regressiva. Se falar em desindustrialização pode não ser preciso, é certo que a base produtiva, grosso modo, segue um curso de simplificação tecnológica. Estudo do IPEA, realizado por Paulo Meyer e Aguinaldo Maciente, concluído em novembro de 2013, a partir de dados fornecidos pelo Censo de 2010, mostrou que sete em cada dez profissionais de ciência, tecnologia e engenharia não ocupam cargos típicos de suas áreas de formação. Entre os graduados em ciências, matemáticas e computação, apenas 21% dos profissionais estão em funções comuns à profissão[13].

Em virtude da ruptura dos elos que ligam as empresas intensivas em tecnologia original em seus departamentos de P&D próprios com a pesquisa acadêmica, uma situação aparentemente paradoxal vem sendo imposta pelo Estado: o grosso dos recursos do FNDCT vem sendo direcionado para inovação tecnológica em empresas que, inusitadamente, não dispõem de departamentos de pesquisa próprios e que, para solucionar problemas específicos, se valem desses recursos, via lei de inovação ou leis afins, como a Lei do Bem, para adquirir tais serviços das instituições universitárias. Dessa forma, as universidades aprofundam de modo desconcertante a sua heteronomia, pois, em última instância, ressignificadas como organizações de serviços.

Trata-se de uma lógica cujos pilares fundamentais foram assentados no período da ditadura, em especial a partir da contrarreforma de 1968 e do II PND (FNDCT e PADCT) e cujo fio condutor é o capitalismo monopolista. Mudanças no padrão de acumulação acabaram chegando por vias diversas e sutis ao cotidiano da universidade. As tensões delas decorrentes são muitas.

A vasta ciência básica, já consolidada, luta por sua existência, embora muitos grupos já estejam transigindo com as demandas particularistas impostas pelos editais. Outros docentes, diante dessas contradições, percebem a perda relativa de prestígio e, no lugar de procurar buscar os determinantes de tais situações, perseguem com ainda maior ardor uma hiperprodutividade que não pode ser realizada senão sob o custo de concessões sobre o que é dado a investigar, pois precisam publicar em revistas consideradas de alto impacto. O resultado dessa situação, conforme pesquisa realizada por Sguissardi e Reis (2009), é o crescimento preocupante de docentes com problemas graves de saúde física e mental.

---

13 DARAYA, Vanessa. 59% dos engenheiros não trabalham na área, diz estudo. *Exame.com*, 18 dez. 2013. Disponível em: http://exame.abril.com.br/carreira/noticias/59-dos-engenheiros-nao-trabalham-na-area-diz-estudo.

As áreas com maior interface com o setor de serviços, por sua vez, encontram enormes facilidades de acesso a recursos significativos, vindos das empresas públicas e dos órgãos de fomento e, dependendo do setor, de corporações privadas. Em geral, mobilizam grande número de estudantes da pós-graduação e docentes e logram constituir grupos que se diferenciam em termos de remuneração, em virtude de complementos salariais não acessíveis aos demais docentes e, também, no que se refere às condições de trabalho. Esses pesquisadores dificilmente poderiam ser compreendidos como intelectuais e acadêmicos, pois, antes, são produtores diretos e indiretos de mais-valia, inscritos nos circuitos de produção do valor.

Os eventos e publicações alusivos aos 50 anos do golpe empresarial-militar podem ser uma oportunidade para produzir conhecimento novo sobre o significado da subordinação da educação às teias da modernização conservadora. A crise civilizatória que transtorna o conjunto da vida social exige formas de socialização e conhecimentos originais, relevantes, nas diversas esferas da vida social. A universidade não logrou se desvencilhar das amarras estruturais herdadas de um período nefasto, mas fundacional para a universidade brasileira. A lógica da mercantilização da educação, tão profundamente presente nos dias de hoje, com o ingresso do capital financeiro na educação, especialmente por meio de fundos de investimentos, aponta, igualmente, para a necessidade de uma educação para além do capital.

BANDEIRA, Luiz Alberto Moniz. Tio Sam dá as cartas: a participação central dos Estados Unidos na articulação civil-militar contra o governo. *Carta Maior*, Edição Especial: 50 anos do golpe, 2 abr. 2014, pp. 38-41.

CAPES. Situação atual da Pós-Graduação, Apêndice B Séries Históricas. Disponível em: http://pdi.ufabc.edu.br/wp-content/uploads/2011/09/Plano-Nacional-de-P%-C3%B3s-Gradua%C3%A7%C3%A3o-2011-2020-Volume-I.pdf.

DREYFUSS, René. *1964: A conquista do Estado*. Petrópolis: Vozes, 1981.

FERNANDES, Ana Maria. *A construção da ciência no Brasil e a SBPC*. Brasília: Ed. UnB, ANPOCS, CNPq, 1990.

FERNANDES, Florestan. *A questão da USP*. São Paulo: Brasiliense,1984.

______. *A revolução burguesa no Brasil. Ensaio de interpretação sociológica*. Rio de Janeiro: Zahar, 1975.

______. *Universidade brasileira: reforma ou revolução?* São Paulo: Alfa-Omega, 1975.

HOROWITZ, Irving Louis. *Ascensão e queda do Projeto Camelot*. Rio de Janeiro: Civilização Brasileira, 1969.

ITAÚ recolhe agendas que citavam 'aniversário da Revolução de 1964'. G1. Disponível em: http://g1.globo.com/economia/noticia/2014/02/itau-recolhe-agendas-que-citavam-aniversario-da-revolucao-de-1964.html.

SALMERON, Roberto A. *A universidade interrompida: Brasília (1964-1965)*. Brasília: Ed. UnB, 1999.

SCHEMAN, L. Ronald (Ed.). *The alliance for progress*. New York: Praeger, 1988.

SOUZA, Maria Inês Salgado de. *Os empresários e a educação: o IPES e a política educacional após 1964*. Petrópolis: Vozes, 1981.

SILVA, Juremir Machado da. Jornalismo golpista. *Carta Maior*, Edição Especial: 50 anos do golpe, 2 abr. 2014.

SQUINCA DA SILVA, Marcelo. João Paulo dos Reis Velloso no planejamento Geiseano: Ciência & Tecnologia e a questão energética – notas de pesquisa. In: ENCONTRO REGIONAL DE HISTÓRIA: O historiador e seu tempo, 18., 24-28 jul. 2006, São Paulo. Anais... São Paulo: CD-ROM. Disponível em: http://www.anpuhsp.org.br/sp/downloads/CD%20XVIII/pdf/ORDEM%20ALFAB%C9TICA/Marcelo%20Squinca%20da%20Silva.pdf.

SLAUGHTER, Sheila; LESLIE, Larry. *Academic capitalism – politics, policies, and the entrepreneurial university*. Baltimore (EUA), Londres (GB): The Johns Hopkins UniversityPress, 1999.

SGUISSARDI, Valdemar; SILVA JR., João dos Reis da. *Trabalho intensificado nas Federais: pós-graduação e produtivismo acadêmico*. São Paulo: Xamã, 2009.

Anistia, a palavra, o passado e a política

GILBERTO MARINGONI

A direita brasileira tenta impor limites às revelações sobre o período da ditadura. Não são apenas os militares os implicados com o terror. Uma coalizão, envolvendo a mídia, a alta cúpula da Igreja Católica, o agronegócio e o alto comando das Forças Armadas, repete a frente golpista de 1964, meio século depois.

Um dos fatos mais preocupantes dos últimos anos da vida brasileira é a constatação de que a frente política responsável pelo golpe de 1964 e que sustentou 21 anos de ditadura segue atuante na sociedade.

A rearticulação de tal leque de interesses é motivada por diversas tentativas de investidas de setores populares contra interesses das classes dominantes.

Talvez essa percepção tenha ficado mais nítida a partir da divulgação do III Programa Nacional de Direitos Humanos, em fins de 2009. No centro da pauta, estava a revogação ou modificação da Lei de Anistia, aprovada em 1979, além de diversos pontos debatidos na 11ª Conferência Nacional dos Direitos Humanos, realizada em dezembro de 2008. Entre outros, pode-se apontar a descriminalização do aborto e os direitos dos homossexuais.

A frente unifica o alto comando das Forças Armadas, a cúpula da Igreja Católica, o latifúndio – que agora atende pelo nome de "agronegócio" – e o eterno e sempre alerta baronato da mídia. Estavam em cena os mesmos atores de 50 anos atrás, o que inclui os grupos O Estado de São Paulo, Folha de São Paulo e Globo, além da Editora Abril. Faltou, circunstancialmente, um ator central, um Lincoln Gordon, embaixador dos EUA, para dar voz de ordem unida e convocar a tropa para mais uma aventura.

A necessidade da apuração e punição dos responsáveis pelos excessos cometidos pelo aparato repressivo do regime mobiliza vários movimentos sociais e partidos políticos de esquerda. Isso envolve o esclarecimento de crimes perpetrados nos porões do poder, como as ações de uma cadeia de comando que envolve não apenas militares, mas civis dentro e fora do governo.

Saber quem financiou as ações de repressão, quem foram seus mandantes, quem foram os torturadores, entre outras coisas, são quimeras a serem resolvidas por um país que até hoje, 140 anos depois, ainda não disponibilizou publicamente a totalidade dos documentos referentes à Guerra do Paraguai (1864-1870).

Repita-se: muitos dos responsáveis diretos pelos piores anos da ditadura seguem vivos e atuantes na vida nacional. Isso envolve pessoas físicas e jurídicas, como as empresas Ultragaz, Ford, Volkswagen, Chrysler, Scania e banco Itaú[1], acusadas de financiar o aparato repressivo. Seguem agora financiando campanhas eleitorais.

O problema na revisão da lei não está no passado, mas no futuro. Não se trata de olhar para trás, mas para frente. E é aqui que os problemas aparecem.

A presidenta Dilma Rousseff deixou claro seu temor diante do assunto, em discurso proferido no dia 31 de março de 2014, quando o golpe completava meio século.

Entre outras coisas, a mandatária declarou:

> Nós reconquistamos a democracia à nossa maneira, por meio de lutas e de sacrifícios humanos irreparáveis, mas também por meio de pactos e acordos nacionais. Muitos deles traduzidos na Constituição de 1988. Como eu disse, na instalação da Comissão da Verdade, assim como eu respeito e reverencio os que lutaram pela democracia, enfrentando a truculência ilegal do Estado e nunca deixarei de enaltecer esses lutadores e essas lutadoras, também reconheço e valorizo os pactos políticos que nos levaram à redemocratização.[2]

---

1 Veja-se a matéria de José Casado, "O elo da Fiesp com o porão da ditadura", publicada em O Globo em 9 de março de 2013. Disponível em: http://oglobo.globo.com/pais/o-elo-da-fiesp-com-porao-da-ditadura-7794152. Último acesso em 21 de abril de 2014.

2 Discurso da presidenta da República, Dilma Rousseff, durante assinatura do contrato para construção da ponte sobre o rio Guaíba (Brasília/DF). Disponível em: http://www2.planalto.gov.br/acompanhe-o-planalto/discursos/discursos-da-presidenta/discurso-da-presidenta-da-republica-dilma-rousseff-durante-assinatura-do-contrato-para-construcao-da-ponte-sobre-o-rio-guaiba-brasilia-df. Último acesso em 21 de abril de 2014.

Dilma mostra os limites de sua coalizão governamental e de suas concepções políticas. Equipara – não se sabe com que propósito – o enfrentamento da oposição ao regime, feito nos anos mais duros, com a anistia pela metade, imposta em 1979.

As anistias

Anistia é uma palavra curiosa. Em sentido amplo, significa esquecimento ou perdão. Uma maneira de se pacificarem espíritos. Sua raiz etimológica é *amnestia*, do grego. É a mesma de anestesia – entorpecimento para que não se sinta dor – e amnésia – perda da memória ou não lembrar.

A curiosidade da origem da palavra vem do fato de que nenhum democrata brasileiro deseja, sinceramente, que a situação que motivou a anistia de 1979 seja esquecida. É fundamental lembrar. Só lembrando, examinando, dissecando aquele passado é possível impedir sua repetição.

A referência à Lei de Anistia de 1979 – e o esforço por sua mudança – é feita para que se evite a interpretação literal da palavra. Ela pode ganhar uma dimensão política e histórica muito mais forte que sua matriz etimológica.

Anistia não é uma concessão, apesar do ato que a deflagra ser sempre de iniciativa do detentor do poder. A partir desse ato, se extinguem as consequências de uma ação punível.

Anistia não é benevolência. É uma conquista resultante de uma dada correlação de forças, de um determinado estado da sociedade.

Anistia sempre foi demanda dos de baixo, dos derrotados. E ela só se materializa quando eles adquirem força e legitimidade, embora sejam ainda minoritários e não tenham hegemonia na sociedade.

A extensão e a abrangência de uma anistia dependem, assim, da luta política.

O Brasil teve várias concessões de anistia ao longo do século XX. Fala-se aqui, logicamente, da anistia política e não da anistia de dívidas que a Receita ou os órgãos oficiais periodicamente fazem, especialmente quando poderosos setores empresariais se unem para esse fim.

Pode-se arrolar, entre as principais, a anistia aos marinheiros da Revolta da Chibata, em 1910, a anistia aos mal denominados revolucionários paulistas de 1932, a anistia aos presos políticos do Estado Novo, em 1945, e a anistia de 1979. Houve também uma anistia concedida pelo presidente Juscelino Kubitschek aos militares da Aeronáutica que se sublevaram na base de Jacareacanga, no Pará, em 1955.

Todas elas tiveram algum tipo de limitação, intrínseca à lei ou em suas consequências imediatas. Nenhuma foi ampla, geral e irrestrita. Vamos a elas.

A Revolta da Chibata aconteceu de 22 a 27 de novembro de 1910 na Baía de Guanabara, no Rio de Janeiro, sob a liderança do marinheiro João Cândido Felisberto[3]. Na ocasião, mais de dois mil marinheiros – quase todos negros e mulatos – rebelaram-se contra a aplicação de castigos físicos a eles impostos como punição, tomaram vários navios da Marinha, ameaçando bombardear a cidade. Durante os seis dias do motim, seis oficiais foram mortos, entre eles o comandante do encouraçado Minas Gerais.

O Congresso Nacional debateu a anistia para os revoltosos. No dia 26, quatro dias após o início da sublevação, o governo Hermes da Fonseca declarou aceitar as reivindicações dos amotinados, abolindo os castigos físicos e anistiando aqueles que se entregassem. Esses, então, depuseram armas e devolveram as embarcações.

A oligarquia não engoliu a situação. Provocações foram montadas nas semanas seguintes para tentar reverter a anistia. Aproveitando-se da desorganização dos revoltosos, o governo valeu-se de outra manifestação de descontentamento para fazer sua caça às bruxas. Em 9 de dezembro, os fuzileiros navais sublevaram-se na Ilha das Cobras, sendo bombardeados durante todo o dia, mesmo após agitarem a bandeira branca. A sequência foi brutal: uma feroz repressão desencadeou-se sobre a marujada. De 600 revoltosos, sobreviveu pouco mais de uma centena, detida em cárceres na Ilha das Cobras. Outros foram mandados para trabalhos forçados nos seringais da Amazônia.

Uma anistia sem dúvida original. Um sinal para um acerto de contas.

---

[3] Todas as informações sobre esse episódio foram tiradas de MOREL, Edgar. *A Revolta da Chibata*. 4. ed. Rio de Janeiro: Ed. Graal, 1986, pp. 49-228.

Anistia para a elite

Vinte e quatro anos depois, em 28 de maio de 1934, tivemos nova anistia política, através do Decreto 24.297. Ela foi concedida aos participantes do "movimento revolucionário de 1932" e, entre outras coisas, afirmava o seguinte: "São isentos de toda responsabilidade os participantes do surto revolucionário, verificado em São Paulo, 9 de julho de 1932, e suas ramificações em outros Estados". E emendava: "Compreendem-se nesta isenção qualquer outro crime político e os que lhe forem conexos, praticados até esta data"[4].

Introduzia-se aí o conceito de *crimes conexos*, para que setores do governo não fossem responsabilizados por seus excessos.

O movimento de 1932 foi uma revolta dos barões do café paulistas. Seus dirigentes principais eram membros das classes dominantes. A anistia de 1934 foi um processo visando a reatar os laços do governo Vargas com a oligarquia paulista, em tempos da Constituinte. Estava em curso um projeto industrializante, após a superação da fase mais aguda da crise de 1929. A aliança era quase um consenso dos dois lados.

Treze anos depois, tivemos outro processo de anistia. Ele se deu no bojo da crise do Estado Novo, ao final da Segunda Guerra Mundial. Sua concessão foi precedida de maciços comícios e manifestações no Rio, em São Paulo e em outras cidades, em 1944, num quadro de ascensão do movimento popular. Em 18 de abril de 1945, Vargas concedeu anistia a presos e exilados.

A lei, no entanto, tinha restrições. Em seu primeiro parágrafo, era dito o seguinte: "É concedida anistia a todos quantos tenham cometido crimes políticos desde 16 de julho de 1934 até a data da publicação deste decreto-lei". Logo em seguida, se dizia:

---

[4] Decreto 24.297, de 28 de maio de 1934. Disponível em: http://legis.senado.gov.br/legislacao/ListaPublicacoes.action?id=30934. Último acesso em: 21 de abril de 2014.

> A reversão dos militares, beneficiados por esta lei, aos seus postos, ficará dependente de parecer de uma ou mais comissões militares, de nomeação do presidente da República. [...] Em nenhuma hipótese, terão os beneficiados por este decreto-lei direito aos vencimentos atrasados ou suas diferenças, e bem assim a qualquer indenização.[5]

A anistia retirou das prisões 565 presos políticos, entre eles, Luis Carlos Prestes. A letra do decreto fora feita sob medida para impedir a reintegração às Forças Armadas dos revoltosos de 1935. Assim como em 1934, voltava-se aqui a mencionar os *crimes conexos* quando se falava de delitos políticos.

No entanto, o governo Eurico Gaspar Dutra, bafejado pelos ventos da Guerra Fria, acabou por mitigar vários efeitos da anistia, em um quadro de fortes mobilizações sociais[6]. O direito de greve foi abolido em 1946 e, até 1949, 234 sindicatos de trabalhadores sofreram intervenção federal[7]. O registro legal do Partido Comunista Brasileiro foi cassado em maio de 1947 e a agremiação voltou à clandestinidade após dois anos de vida institucional.

Ou seja, mais uma vez, a anistia padecia de inúmeras limitações práticas.

---

[5] Decreto-lei 7.474, de 18 de abril de 1945. Disponível em: http://legis.senado.gov.br/legislacao/ListaPublicacoes.action?id=41743. Último acesso em: 21 de abril de 2014.

[6] SILVA, Fernando Teixeira da; NEGRO, Antonio Luigi. Trabalhadores, sindicatos e política (1945-1964). In: FERREIRA, Jorge e DELGADO, Lucília de Almeida Neves (Orgs.).*O Brasil Republicano: o tempo da experiência democrática*. Rio de Janeiro: Civilização Brasileira, 2003. v. 3.

[7] LOPEZ, Adriana; MOTA, Carlos Guilherme. *História do Brasil: uma interpretação*. São Paulo: Editora Senac, 2008, p. 751. v. 2.

O fim da ditadura

A concessão da anistia em 1979 foi precedida de formidáveis mobilizações sociais e de um desgaste acelerado da ditadura civil-militar. É nessa conjuntura que o governo João Figueiredo (1979-1985) envia ao Congresso um projeto de anistia parcial. O objetivo era promover a chamada "distensão lenta e gradual" e uma transição controlada a uma administração civil.

O primeiro artigo da Lei dizia:

> É concedida anistia a todos quantos, no período compreendido entre 2 de setembro de 1961 e 15 de agosto de 1979, cometeram crimes políticos ou conexos com estes.
>
> [...]
>
> Consideram-se conexos, para efeito deste artigo, os crimes de qualquer natureza relacionados com crimes políticos ou praticados por motivação política.[8]

Em outras palavras, pela Lei de Anistia foi dada uma espécie de perdão legal aos torturadores e aos mandantes da repressão. Fazia parte da correlação de forças do período[9]. Mas essa correlação mudou. Não há mais ditadura, não há mais perseguição política. E muitos dos crimes cobertos pelo manto dos conexos são na verdade crimes como tortura, assassinato, ocultação de cadáveres etc. Em outras palavras, crimes de lesa-humanidade.

Assim como tivemos uma abolição sem cidadania para os negros, uma república oligárquica e duas redemocratizações restritas, temos anistias pela metade. Essa última só se completará se os crimes forem punidos e se os segredos até agora ocultos da sociedade brasileira forem revelados. Isso depende não de um entendimento da lei, mas de uma nova correlação de forças na sociedade. Depende de novas condições políticas.

---

[8] Decreto n. 84.143, de 31 de outubro de 1979. Disponível em: http://legis.senado.gov.br/legislacao/ListaTextoIntegral.action?id=102044. Último acesso em 21 de abril de 2014.

[9] Sobre a anistia de 1979, ver GRECCO, Heloísa Amélia. *Dimensões fundacionais da luta pela anistia*. 2003. Tese (Doutorado em História). Departamento de História, Faculdade de Filosofia e Ciências Humanas, Universidade Federal de Minas Gerais, Belo Horizonte, 2003.

Para isso, é importante que a causa dos direitos humanos, da anistia, do direito à verdade não seja apenas uma demanda de familiares dos presos, mortos e desaparecidos. É um desejo e um direito de toda a sociedade.

Para que a anistia seja completa, ela tem que ser não o esquecimento, mas a eterna lembrança da dor, do sofrimento e principalmente das causas pelas quais os punidos lutavam: um país mais justo, com democratização do poder, da renda e da propriedade.

É isso que a direita brasileira não quer.

Contra isso, a frente de forças comentada no início deste texto deu um golpe há quase meio século. Contra isso ela se rearticula agora. Mas a sociedade brasileira amadureceu. A esperança é que tenhamos um futuro distinto daquele passado tenebroso.

BRASIL. Decreto 24.297, de 28 de maio de 1934. Concede anistia aos participantes do movimento revolucionário de 1932 e dá outras providências. Diário Oficial da União, Rio de Janeiro, 30 mai. 1934. Seção 1. Disponível em: http://legis.senado.gov.br/legislacao/ListaPublicacoes.action?id=30934. Último acesso em: 21 de abril de 2014.

______. Decreto-lei 7.474, de 18 de abril de 1945. Concede anistia. Diário Oficial da União, Rio de Janeiro, 19 abr. 1945. Seção 1. Disponível em: http://legis.senado.gov.br/legislacao/ListaPublicacoes.action?id=41743. Último acesso em 21 de abril de 2014.

______. Decreto 84.143, de 31 de outubro de 1979. Regulamenta a Lei n. 6.683, de 28 de agosto de 1979, que concede anistia e dá outras providências. Diário Oficial da União, Brasília, DF, 1° nov. 1979. Seção 1. Disponível em: http://legis.senado.gov.br/legislacao/ListaTextoIntegral.action?id=102044. Último acesso em 21 de abril de 2014.

CASADO, José. O elo da Fiesp com o porão da ditadura. *O Globo*, Rio de Janeiro, 9 mar. 2013. Disponível em: http://oglobo.globo.com/pais/o-elo-da-fiesp-com-porao-da-ditadura-7794152. Último acesso em 21 de abril de 2014.

GRECCO, Heloísa Amélia. *Dimensões fundacionais da luta pela anistia*. 2003. Tese (Doutorado em História). Departamento de História, Faculdade de Filosofia e Ciências Humanas, Universidade Federal de Minas Gerais, Belo Horizonte, 2003.

LOPEZ, Adriana; MOTA, Carlos Guilherme. *História do Brasil: uma interpretação*. São Paulo: Editora Senac, 2008. v. 2.

MOREL, Edgar. *A Revolta da Chibata*. 4. ed. Rio de Janeiro: Ed. Graal, 1986.

ROUSSEFF, Dilma. Discurso da presidenta da República, Dilma Rousseff, durante assinatura do contrato para construção da ponte sobre o rio Guaíba (Brasília/DF). Palácio do Planalto, Brasília, DF, 31 mar. 2014. Disponível em: http://www2.planalto.gov.br/acompanhe-o-planalto/discursos/discursos-da-presidenta/discurso-da-presidenta-da-republica-dilma-rousseff-durante-assinatura-do-contrato-para-construcao-da-ponte-sobre-o-rio-guaiba-brasilia-df. Último acesso em 21 de abril de 2014.

SILVA, Fernando Teixeira da; NEGRO, Antonio Luigi. Trabalhadores, sindicatos e política (1945-1964). In: FERREIRA, Jorge e DELGADO, Lucília de Almeida Neves (Orgs.). *O Brasil Republicano: o tempo da experiência democrática*. Rio de Janeiro: Civilização Brasileira, 2003. v. 3.

CELSO FREDERICO

É professor da ECA/USP, autor, entre outros, de "A arte no mundo dos homens. O itinerário de Lukács" (Expressão Popular, 2013); "O jovem Marx" (Expressão Popular, 2009); "Sociologia da cultura. Lucien Goldmann e os debates do século XX" (Cortez, 2006); e, em colaboração com Francisco Teixeira, "Marx, Weber e o marxismo-weberiano" (Cortez, 2010).

EDUARDO COUTINHO

É professor do Programa de Pós-Graduação da Escola de Comunicação da Universidade Federal do Rio de Janeiro. Publicou, entre outros livros, "Velhas histórias, memórias futuras: o sentido da tradição na obra de Paulinho da Viola" (Editora UFRJ, 2ª ed., 2011) e "Os cronistas de Momo: imprensa e carnaval na Primeira República" (Editora UFRJ, 2006).

GILBERTO MARINGONI

É professor de Relações Internacionais e membro do corpo docente do Programa de Pós-Graduação em Ciências Humanas e Sociais (PCHS) da Universidade Federal do ABC (UFABC). É autor de 12 livros, entre eles "A Venezuela que se inventa – poder, petróleo e intriga nos tempos de Chávez" (Editora Fundação Perseu Abramo, 2004), "A revolução venezuelana" (Editora Unesp, 2009) e "Direitos humanos, imagens do Brasil" (Aori, 2010). É membro do Grupo de Reflexão sobre Relações Internacionais (GR-RI).

MAURO LUIS IASI

É doutor em Sociologia pela USP, educador pelo Núcleo de Educação Popular 13 de Maio, professor da Escola de Serviço Social da UFRJ e coordenador do Núcleo de Estudos e Pesquisas Marxistas (NEPEM) da ESS/UFRJ. É autor, entre outros, dos livros "O dilema de Hamlet: o ser e o não ser da consciência" (Viramundo/Boitempo, 2000), "As metamorfoses da consciência de classe: o PT entre a negação e o consentimento" (Expressão Popular, 2006), "Meta-amor-fases: coletânea de poemas" (Expressão Popular, 2008). É membro do Comitê Central do PCB e de sua Comissão Política Nacional.

MUNIZ SODRÉ

É professor emérito da ECO/UFRJ e professor-visitante de várias universidades estrangeiras Tem mais de 30 livros publicados, alguns deles traduzidos em países como Itália, Bélgica, Espanha, Cuba e Argentina. Seu livro mais recente é "A Ciência do Comum – notas para o método comunicacional" (Ed. Vozes, 2014).

ROBERTO LEHER

É professor da Faculdade de Educação e do Programa de Pós-Graduação em Educação da Universidade Federal do Rio de Janeiro. Participa do Coletivo de Estudos em Educação e Marxismo (COLEMARX), é pesquisador do Conselho Nacional de Desenvolvimento Científico e Tecnológico (CNPq) e colaborador da Escola Nacional Florestan Fernandes (ENFF).

RODRIGO DE SOUZA DANTAS

É doutor em Filosofia pela UFRJ e professor de Filosofia Política no Departamento de Filosofia da UnB. Autor de dezenas de artigos e ensaios publicados em livros, revistas, jornais, sítios de internet, periódicos acadêmicos, políticos e sindicais. Foi chefe do Departamento de Filosofia da UnB, secretário-geral e presidente da Associação dos Docentes da UnB (ADUnB) e vice-presidente do ANDES-SN.

RONALDO LIMA LINS

É professor emérito da Faculdade de Letras da UFRJ, da qual foi diretor por duas vezes. Possui mais de cem artigos publicados no Brasil e no exterior em periódicos e revistas de literatura. É poeta, ficcionista e autor de livros de ensaio, nos quais elabora reflexões envolvendo cultura, literatura e sociedade. Suas últimas obras foram "Crítica da moral cansada" (Editora UFRJ, 2011) e "João, o microscópio e a vida selvagem" (Editora 7 Letras, 2014).

Este livro foi composto em Dante e Trade Gothic. Ele foi impresso em 2014, 50 anos depois do golpe militar que deu início a uma ditadura que durou 21 anos e deixou marcas que ainda persistem entre nós. A impressão foi feita pela gráfica Rotaplan, em pólen bold $80g/m^2$ para o miolo e triplex $300g/m^2$ para a capa.